微商兵法36

本书编委会 编
泰研汇渔夫 编著

世界图书出版公司
广州·北京·上海·西安

图书在版编目（CIP）数据

微商兵法36 /《微商兵法36》编委会编. -- 广州：世界图书出版广东有限公司，2015.9

ISBN 978-7-5192-0295-8

Ⅰ.①微… Ⅱ.①微… Ⅲ.①网络营销 Ⅳ.①F713.36

中国版本图书馆CIP数据核字（2015）第238311号

微商兵法36

策划编辑：陈名港
责任编辑：华　进
责任技编：刘上锦
出版发行：世界图书出版广东有限公司
　　　　　　（广州市海珠区新港西路大江冲25号　邮编：510300）
电　　话：（020）34201967
　　http://www.gdst.com.cn　　E-mail:pub@gdst.com.cn
经　　销：各地新华书店
印　　刷：虎彩印艺股份有限公司
版　　次：2015年9月第1版　2016年7月第2次印刷
开　　本：787mm×1092mm　1/16
字　　数：235千
印　　张：14.5
ISBN 978-7-5192-0295-8/ F · 0200
定　　价：78.00元

版权所有　侵权必究

本书编委会

微商兵法编委会，联合著作人：

徐刚-K友汇不靠谱茶馆，K友汇联合创始人，雕爷-雕爷会，宋峰逸-宋梨创始人，梨想战队创始人，孔剑平-社群书院联合发起人，管鹏-K友汇发起人，微商实战女神米小姐-中国分销网，阚洪岩-北大纵横明星学院，何洋-泰研社群经济研究院，乔帮主-开友商学院院长，任震宇-一起微商联合创始人，陈菜根-知名自媒体人，余小华-华南六少创始人，牡丹-牡丹微电商商学院，福君-顶层构架师，汲德存-炎黄部落创始人，谢晶-社群书院联合发起人，功夫熊猫-寇天使操盘手，瘦瘦老师-工商联互联网部部长，小马云-王小布ceo，邢敏-家友汇创始人，季烨-社群书院联合发起人，风云-风云汇创始人，校友-微众传奇联合创始人，林苏丁，徐斌《中国客运CEO》，人生哥，梁鑫凌-imlxl.com，王颜，丁翎议-轻营销第一人，梅乌云娜洋，图龙，脚踏车，蔡玲-K商支付，朱伟-金融写字楼，电商操盘手，王俊-老A电商ceo，华智-创业源ydcyy.com，王锡钧-德商汇创始人，陈曦-区域媒体营销，吴景涛-海润摩尔，蒋中意-大咖汇创始人，艾淳-微商大学创始人，项羽-项彬宸，校长-微众传奇创始人，曹秀华-正和岛非创意不传播，张动-吴晓波读书会，梁达-互动视频联合创始人，手艺人-范娟平，花满楼-林下集创始人，刘杰明，慧慧，BetterMe创始人，分享快乐的微你服团队，亚投行SSS联盟珺哥《利他》，陈炼波，甘道阳-公益项目社会化媒体传播探索者，廖荣-有赞，阿拉丁-郡主，谢泷刚-群导航，云助商城创始人，馨心-小鱼家族领导人，管涛-世界移动互联网协会理事长，小集-潮泰集集团创始人，王先德（德公）-微电商践行者，刘建-草根创业联盟，家庭妈妈创业联盟创始人，农村电商先行者，萧姚哥-容合微联创始人，成非凡-正能量商学院创始人，寒江孤舟-微众传奇联合创始人，艾兴-合美星球创始人，陈伟群-微鸽教育创始人，申兆胜-锅片申总经理，何旭彬-微产业联盟联合创始人，张朝议-E袋洗，文晖-九业汇，打打-谢玮霖，常振虎，阳澄湖小蟹农，吴靖-品味心情，王晨-幸福力妈妈创始人，泡哥，筝儿-清颜创始人，思大勇-全球k友汇公众号总督导，婧婧-海南农夫集市，秦海-每时茶，童舒扬，严颜-青青菜园，陈毓-德泽，道爱-新媒体营销策划，招财童子，欧罗伽，邢光-澳耶创始人，若隐农场，坚果哥，洪玫（伍月），汶妮-香港老和尚茶，王欢-BQ行动派，火箭-程永根，李晨-厨房密码创始人，卢艳冰-益股投资

微商：大众创业的新方式
（序）

在第十二届全国人民代表大会第三次会议上，李克强总理提出了"互联网+"的国家战略行动计划，推动着移动互联、云计算、大数据、物联网等与现代制造业的有机结合，促进了电子商务、工业互联网和互联网金融的健康发展，引导着互联网企业拓展国内国际市场。于是我们看到："生鲜+互联网"有了顺丰优选；"集市+互联网"有了淘宝；"兴趣+互联网"有了社群；"百货+互联网"有了京东；"银行+互联网"有了支付宝；"月老+互联网"有了世纪佳缘，"交通+互联网"有了滴滴；"媒介+互联网"有了柴静《穹顶之下》病毒式的传播，而微商就是"人人创业+互联网"。人们的生活、工作、学习正发生着颠覆式的革命。

在这个背景下，创业出现了低成本化和碎片化，近两年爆发的微商群体，极大地营造了"全民创业，万众创新"的盛世，利用互联网、移动互联网，甚至一部手机就开始创业的微商创客们，就是这人人创业的开疆先锋。几乎人人都能做产品经理，几乎每一种产品都能通过微信来营销。

与此同时我们也听到：微商卖假货；微商刷屏朋友圈；甚至做传销的也跻身微商打擦边球——诸如此类的、口诛笔伐微商群体的信息不绝于耳。但是，纵观人类文明发展史，这是新型的商业模式在成长中必然要经历的过程，伴随着社会的进步、人民认知水平的提高，鱼龙混杂者终将会被正能量所淘汰。2015年3月24日中央电视台13套新闻频道播报了几例草根阶层通过微商来改善销售现状、改变自己命运的创业故事，这是在释放支持全民低成本、低门槛创业的信号，也从侧面对微商群体发出了支持的呼声。就在今年的7月7日，国内第一大微博服务商新浪微博，联合阿里巴巴和微卖等为代表的第三方合作伙伴，推出了"微博橱窗"产品，主打以兴趣为导向的移动社交电商体系"微电商"，即利用微博上各垂直领域的2000多万专业达人向顾客们推荐商品，其实这就是成长中的微商。

现实生活中无数的草根和百姓，在没有资源，没有背书，没有资金或者在对于自身企业转型相对茫然的现状下，如何适应社会的转型，如何学做微商，如何在"互联网+"时代创新创业？相信你会在本书的故事和案例中找到满意的答案。

刘海涛

2015年9月

（刘海涛，岭南师范学院二级教授，工会主席，创业学院院长，中国微小说与微电影创作联盟副主席，广东高校教学名师，广东作协主席团成员）

目录 CONTENTS

第一章 什么是微商

自从有了微信之后，你就被忽悠了，因为你知道的微商都"不对"。

1.1 什么是真正的微商，敢说实话的渔夫告诉你事实 /1

人们普遍理解的微商就是在朋友圈疯狂刷屏卖面膜、卖A货的那帮人，是的，人们理解得没错，因为做这个的太多了，估计你微信里就有十个八个天天刷屏，对于这种情况，你所做的要么是陌生人拉黑，要么是熟人屏蔽，所以现在大家谈起微商就是谈微色变，这种偏见也导致很多想做微商的人，因怕身边人的误解而不好意思说出来，尤其是对自己的父母、亲戚而言，他们会以为你不务正业！

1.2 微信时代的微商发展史 /2

先从前段时间马化腾支持微商的假新闻说起吧，源头来自一个微博大V，腾讯官方说是要起诉造谣，但后续如何我们不知，真心希望这位朋友的无心之举平安无事。

1.3 除了龙哥，能预言微商未来的大多是"忽悠" /4

微商是微信的产物，不是张小龙的产物，张小龙也未曾在任何公开场合发表过对微商的看法，但是他身处中国微商的大本营广州，不可能对微商现在的状态闻所未闻，对于他来说，微商顶多算是"野"孩子，只有不断地试错，不断地尝试，再试错，再尝试，在实践中摸索出路，一句话，把事情做错，总好过停下脚步，不知道如何去做而不做。

1.4 新兴职业——微商培训经理的职责和酒水行业的微商项目操盘攻略 /5

微商培训经理是2014年底2015年初才有的一个岗位，从职业上讲，拥有职业经理人和操盘手、项目执行引导等多重角色。

1.5 菜根谈微商干货 /6

（1）如何写一篇100000+的微信文章？ /6

（2）微商＋自媒体＝微品牌 /9

（3）微商大绝招 /10

1.6 福君说微商场景化营销 /14

微商场景化营销的实践

1.7 传渔讲微商技巧 /17

使用QQ群打造5000精准好友客户的技巧

1.8 徐刚说微信社群商业化 /19

说说社群商业如何实现"从0到1个亿"

第❷章 微商兵法

回归本初，商业营销的根基是流量，流量即人，互联网思维就是想尽一切办法先圈人，你有钱，那就好办了，可以学滴滴打车一样，拿几个亿出来，看谁不用滴滴拿钱砸谁，现在的企业获取流量和用户的成本越来越高了，究其原因除了信息泛滥，还有一点就是老百姓被这些土豪给惯坏了，如果你没钱，那就踏踏实实、老老实实地按照下面的去做，最笨的方法也是最有用的方法，也是永远不会过时的方法，老祖宗教会我们的做产品就是做人，永远不会错。

2.1 36个微商兵法 /22

2.1.1 利用当地免费的广告信息栏吸粉 /23

2.1.2 先请同行吃个饭 /23

2.1.3 大批量导入手机号码 /24

2.1.4 利用线下资源 /25

2.1.5 利用既有客户巧做裂变 /26

2.1.6 利用微信群 /27

2.1.7 适度炒作 /28

2.1.8 利用QQ群做微信推广 /29

2.1.9 和直销员、保险业务员做朋友 /31

2.1.10 搜索引擎推广 /31

2.1.11 利用媒体站 /32

2.1.12 有实力还是要上电视的 /33

2.1.13 作秀宣传 /34

2.1.14 婴童类产品要经常泡妈妈论坛 /35

2.1.15 百度产品组合拳 /36

2.1.16 微信公众号巧命名 /37

2.1.17 让快递员帮忙打通片区O2O /37

2.1.18 实用小技巧 /38

2.1.19 QQ批量导入，小号助推大号 /39

2.1.20 在不同的群采取不同的说话态度 /40

2.1.21 淘宝店铺动态引导 /40

2.1.22 论坛群发器 /41

2.1.23 借用名人自媒体大号 /42

2.1.24 利用热门事件 /43

2.1.25 多部手机，多个位置，打开附近的人吸粉 /43

2.1.26 微信达人认证 /44

2.1.27 红包群推广 /45

2.1.28 朋友圈好友推荐 /46

2.1.29 高薪招聘推广 /47

2.1.30 全时营销 /48

2.1.31 复制的力量 /49

2.1.32 垂直、分类信息网站推广 /49

2.1.33 微信手游推广 /50

2.1.34 流动人群、附着物料推广 /51

2.1.35 微信营销软件自动化推广 /52

2.1.36 傻子一样坚持，并不断地重复 /53

2.2 垂直社群 /54

精准营销，花最少的钱，做最大的事，利用垂直微信社群做微商，垂直微信社群是企业今后的流量主入口（附PPT）。

第二章 微商案例

不要把时间浪费在各种浮躁的大会上，真实的案例告诉你，做微商要脚踏实地。

一家洗衣店的互联网革命　/64
带着颜色去旅行　/70
一旦选择创业，就决定了你再也无法停下前进的脚步　/76
每时茶蛙跳创业法：草根创业如何零费用聚集最初1000个用户　/81
50岁老妈子的18年坚持和她的执拗人生　/86
美丽心情，借助微信腾飞　/92
泡范儿的微商之路　/95
我们的"靠上"之路　/99
走上2015年春晚的微店明星炼成记　/107
青青菜园　微信送菜　/112
你若盛开 蝴蝶自来　/115
用新媒体做餐饮　/120
王晨的创业故事：创业是一场自我救赎，它让我遇见更好的自己　/124
荣归故里，衣锦还乡　/128
为了追梦，世界五百强高管85后女孩放弃年薪百万　/136
三个爸爸净化器成功的七度密码　/140
为呵护折翼天使，电商范冰冰启翅微商　/154
娜小妹专心做产品，不做营销　/158
移动互联尝鲜者——有胆就是任性　/166
一个中国人的TESCO梦　/170
从刑警到2B男一号　/174
让顾客主动上门　/178
80后茶山姑娘一个月从0到15万的背后　/186
kk娘的微商之旅　/190
用平台做特产　/194
生活要大快人心，不妥协！人生要大块吃肉，痛快走！　/198
一盒红糖，两个人，半年销售3000万　/202
罗辑思维五问宋梨之27天销售260万　/206
渔夫手记　/210

第四章　渔夫微商人才招聘文案精选

微商的发展离不开人才，那么面对10家企业9家缺人才的现状，专业型的微商人才，懂微信营销的人才哪里才能找到呢？

4.1　微商时代，你需要一个会玩微信营销的小伙伴　　　　/211

4.2　创意微招聘之贵阳最美90后女总裁开价100000+求会玩微信的"上门女婿"！　　　　/214

4.3　创意微招聘之我们提供一站式"回家过年"解决方案（回家过年，领对象见爹妈和跳槽一样重要）　　　　/215

4.4　让群主成为一种职业　　　　/217

后记

如果你觉得本书对你有帮助，请推荐给你的朋友，他会因你推荐，而享受为你私人定制的优惠价格，请扫二维码，做本书的合伙人，并有机会赢得微信营销、微商系统课程等免费升级服务，终生免费学习最新营销技术。

第一章 什么是微商

> 自从有了微信之后，你就被忽悠了，因为你知道的微商都"不对"。

1.1 什么是真正的微商，敢说实话的渔夫告诉你事实

人们普遍理解的微商就是在朋友圈疯狂刷屏卖面膜、卖A货的那帮人，是的，人们理解得没错，因为做这个的太多了，估计你微信里就有十个八个天天刷屏，对于这种情况，你所做的要么是陌生人拉黑，要么是熟人屏蔽，所以现在大家谈起微商就是谈微色变，这种偏见也导致很多想做微商的人，因怕身边人的误解而不好意思说出来，尤其是对自己的父母、亲戚而言，他们会以为你不务正业！

好吧，说到这里，你会想，大家都把微商屏蔽了，哪里还能卖得出去产品呢？微商岂不是自欺欺人，那微商又通过什么来卖产品赚钱呢？所以，我们说你被微信给忽悠了，因为你理解的朋友圈的微商是不对的，是片面的，至少现在，还在用炫富、洗脑等手段刷朋友圈卖货的，肯定是前途坎坷，日子不好过，今天我们就来说说，到底什么是微商。

现在好多业内人士都给微商下定义，大家说的都对，但是没有一个官方的说法，我们通过对一线微商大量的实地调查和广东微商委员会的市场研究，加上多年来的互联网从业经历，这里给大家一个比较全面和通俗的说法，微商就是个人或者小微企业、团队通过互联网、移动互联网等各种途径直接将

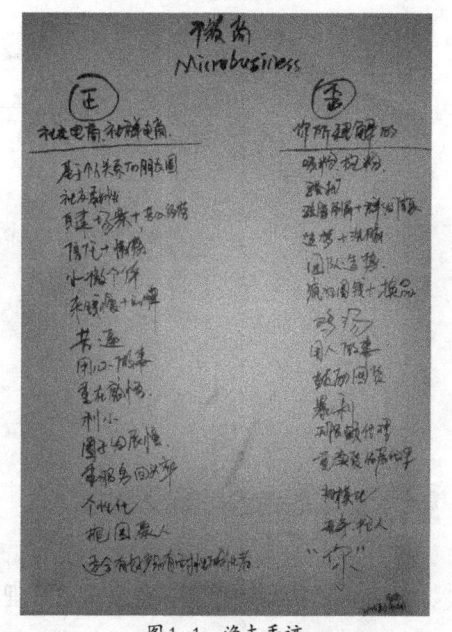

图1-1 渔夫手迹

自己生产或代理的产品销售给用户的商业行为，微商自从有了互联网就存在了，只不过被全民发朋友圈的微信给放大了。最早的微商可以追溯到2000年博客（blog）开始进入中国的时期，有些爱写日记的年轻女性会在博客上写自己保养和护肤的心得，用现在的话来说就是晒美，也没想卖东西，后来粉丝看到博文后会好奇问博主，用什么产品护肤的，这样就促生了商业行为。另外一些早期爱旅行的文艺青年，喜欢用博客写下沿途的所见所闻，吃的什么，住在哪里，同样被粉丝看到后就有人跟风了，我们说现在一些驴友论坛会雇专业的写手写哪个客栈有品位，哪里的美食做得最有特色等，都是由早期的博客而来。到2004年后木子美事件，才让博客走进了千家万户，这时就有商家开始运用博客做起了自己的营销，这就是微商的早期起源。

那么真正有了微商概念的是2005年，腾讯公司为腾讯QQ推出的一个个性空间，具有博客功能的Q-zone中包括日志、相册、留言板、互动、个人档等功能的QQ空间，此时，就有很多学生、白领、自由职业者通过QQ空间卖衣服、饰品、化妆品、明信片、特产等，再到后来的微博、微信、陌陌等社交类媒介的出现彻底引爆了微商，并创造了诸多微商神话，也就有了现在的微商。所以微商不仅仅是利用微信朋友圈，是全网营销的一种商业模式，下面这张图（图1-2）告诉你什么是全网营销的微商：

图1-2

1.2 微信时代的微商发展史

下面所提到的微商，都是大家所理解的微信时代的微商。

先从前段时间马化腾支持微商的假新闻说起吧，源头来自一个微博大V，腾讯官

方说是要起诉造谣，但后续如何我们不知，真心希望这位朋友的无心之举平安无事。

图 1-3

再看看央视报道微商的真新闻，2015年3月24日中央电视台13套新闻频道播报了几例草根阶层通过微商来改善销售现状和创业的故事，这是在释放支持全民低成本、低门槛创业的信号啊。但是，央视误解了微商，主持人解释微商的做法也是片面的、错误的，因为微商做生意不单单是利用微信朋友圈，现今的朋友圈生意也很难做，也并没有新闻中说的那么简单，报道会对想做微商的新人造成误解和事倍功半的后果，搞不好会严重影响新人做微商的士气。

微商的发展大体经历了三个阶段：第一个阶段是2012年底到2013年初的杀熟阶

段，就是所谓的业内人士口中的微商1.0，发发朋友圈就可以轻松地卖货；第二个阶段是2013年底到2014年底，由美妆行业发力的全面招收代理团队化运作的微商模式，称之为微商2.0；第三个阶段是2014年底到2015年初，微信多级分销系统的出现，正式开启了全民微商，360行，行行微商的局面，典型的案例就是"红枣哥事件"，一个月席卷全国，月赚千万，然后因涉嫌利用多于3级分销的传销模式，被微信迅速封杀。由此，微商3.0时代来临。那么，在迭代速度要按照小时来计算的移动互联网时代，2015年的下半年会不会衍生出微商4.0？我们又该如何做好微商？扫二维码（图1-4）给你看一段我给直销界上的一次内部课程，因为受对方保密规定只播放部分视频。

图1-4

1.3 除了龙哥，能预言微商未来的大多是"忽悠"

微商是微信的产物，不是张小龙的产物，张小龙也未曾在任何公开场合发表过对微商的看法，但是他身处中国微商的大本营广州，不可能对微商现在的状态闻所未闻，对于他来说，微商顶多算是"野"孩子，因为他至今没有给过微商一个名分，甚至包括微信的发展他都是以一句"微信是个大森林"来概述，所以如果现在有人跟你描绘微商几年后的规划，那他多半是个忽悠，这也就告诉我们，微商如何发展和我们没有半毛钱关系，我们能做的就是，抓住当下，先做了再说，与对不对无关，你去思考要不要做微商、互联网大佬们支不支持微商等等此类问题，纯粹是浪费时间。

图1-5

1.4 新兴职业——微商培训经理的职责和酒水行业的微商项目操盘攻略

微商培训经理是2014年底2015年初才有的一个岗位，从职业上讲，拥有职业经理人和操盘手、项目执行引导等多重角色，对于这个方面的人才管理和运用我曾在年初运营了微招聘平台专门负责对接微信营销类人才，微信账号为：wzpzwc，有兴趣的朋友可以看看。

对于部门配置，建议由管理助理、项目跟单、H5、美工、文案、微信社群管理员（专职）、策划、活动专员等组成，在项目执行中，部门经理要详细制定项目团队工作明细，分配到以上职位角色，前期要求做到日前报，日后报，周报，并制定团队内部的激励和惩罚政策，推动工作进程。

推广酒水的思路和微商渠道在酒水电商领域，有平台类的天猫、京东，有垂直类的酒仙网、购酒网，还有一些酒企自营电商商城，以上诸类酒水平台商城几乎垄断了PC的酒类消费者流量入口，但在移动端（微博/微信）尚缺乏具有足够影响力的平台品牌，日前以噱头和酒水调侃文化霸占朋友圈营销的轻白酒微品牌江小白因为没有白酒核心理念、产品属性，缺乏中国餐饮传统酒桌价值观也走向平淡无奇，故而在拥有绝对垄断性和供应链优势的银基集团在此时介入微商平台是绝佳的时机，在推广上结合固有的线下渠道网络，打造落地渠道O2O，结合自媒体推广、朋友圈造势、社群营销助力、风口人物代言、集团全员微商等思路，横向纵向立体覆盖。

酒水项目微商社群的规划策略要点：

①必须是刚需产品；
②利用清晰，合法、可持续发展的三级微商模式；
③瞬间变现，让代理分钟看到有钱进口袋；
④制造营销事件，诱导消费群体的增长和消费需求；
⑤制造中高端酒水微商风口；
⑥利用现有的渠道做垂直细分市场的垄断。

发展模式：利用微信建群（入群需交入会门槛会费9.9元，目的是为了让大家重视该群，并确认其开通微信支付功能，以方便接收其他人上交的入会费）的三级代理模式，即省代、市代、个代，总部只负责管理和发货，全国统一定价，不参与销售，协助各地代理强势占领线下。

1.5 菜根谈微商干货

如何写一篇100000+的微信文章?

今年的微信公众号运营不容乐观，朋友圈被鸡汤部队和微商军团“攻陷”后，微信群也因为索然寡味的无组织运营而变得冷月无声，公众号的式微则是有据可查的。微信群和朋友圈没有后台数据做判断分析，所以只能靠感觉体悟，而公众号的后台数据则血淋淋地告诉我们：自媒体运营步入了瓶颈期！

去年的时候，我们还在一直强调一个标准数据：订阅号打开率平均在10%左右。而今年根据我对近900个公众大号的数据统计，发现平均打开率甚至不足2%，当然这里面的水分很大。如果你也运营公众号的话，不妨计算一下自己的打开率。

粉丝量、阅读量、打开率、点赞数、转化率和重复购买率，是公众号运营的6项指标，而打开率则直接体现了公众号的运营质量。

当然，这篇文章不是给大家普及基础运营知识的，回到标题：如何写一篇阅读量100000+的微信文章？对于每一个自媒体玩家来说，写一篇10万+的文章，就像荣膺了一枚军功章，最起码是对自己苦逼运营的一次犒赏。对于大号来说，10万+就是家常便饭了，尤其是百万粉丝级别的，稍微做一下优化和推广，即使10%的打开率，一样能轻轻松松破10万，但对于绝大多数的中小级别玩家来说，10万+就是个梦！

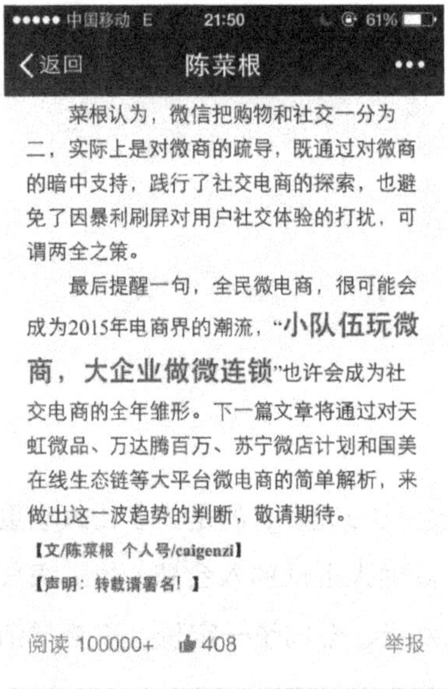
●●●●● 中国移动 E 21:50 61%
返回 陈菜根 •••

菜根认为，微信把购物和社交一分为二，实际上是对微商的疏导，既通过对微商的暗中支持，践行了社交电商的探索，也避免了因暴利刷屏对用户社交体验的打扰，可谓两全之策。

最后提醒一句，全民微电商，很可能会成为2015年电商界的潮流，“**小队伍玩微商，大企业做微连锁**”也许会成为社交电商的全年雏形。下一篇文章将通过对天虹微品、万达腾百万、苏宁微店计划和国美在线生态链等大平台微电商的简单解析，来做出这一波趋势的判断，敬请期待。

【文/陈菜根 个人号/caigenzi】

【声明：转载请署名！】

阅读 100000+ 408 举报

图1-6

还好，这样的梦也悄然照进过我的现实，而且这个曼妙的时刻就发生在不久前。对于一个粉丝量只有4000的绝对小号而言，能在两天内造就一篇14万阅读的文章，个中缘由值得回味。先粗略给大家还原一下当时的数据：22小时10万+阅读，公众号增粉1250个，转化率1.25%，个人号增粉150个。时点数据如下：15分钟破1000，次日6:50分阅读量破10000，早晨7点至10点阅读量突破40000，中午12点至13点破60000，下午6点破75000，晚上9:50破100000。结果就是成功掀起行业内关于此事件的大讨论，官方当事人甚至深夜追踪、求证消息源。且不管该文章所呈现的内容事实面真假，仅从传播来看，这无疑是一次成功的案例！

为什么要详细地监测这组数据，其实就想验证时点传播的规律，具体结论自不必多言，明眼人一看就懂了。

下面揭秘写10万+文章的9大秘籍，请大家调整好姿势，默默感受！

第一招：标题亮度

标题是一篇文章的入口，不光公众号，门户网站和传统报刊的小编们也经常干这种无节操的勾当：标题党。没办法，读者都是猴急的快枪手，喜欢开宗明义、3秒钟知天下，然后小编们就投其所好、正中下怀了。对于一篇10万+微信文章，标题亮度的贡献率在16%，据说写好标题有10个诀窍，篇幅原因暂不透露，总之一点，标题必须让读者有"一见钟情"的感觉，否则就是败笔！

第二招：内容鲜度

永远记住一点，订阅号的本质属性媒体，既然是媒体就应该像新闻一样有新鲜度，有不少朋友质疑玩自媒体的抓热点跟风、太浮躁，其实这种质疑是缺乏自媒体常识的体现，再说了，读者都有求新的原始欲望，保证内容鲜度、甚至第一手资料，是写就10万+阅读量的重要因素，根据我的估算，贡献率在7%左右。而且你如果仔细研判搜狗微信菜单的文章，会发现经常流行的文章也就10类左右的话题，这考验的是你的基本功。

第三招：图文黏度

没办法，读者很懒，大家喜欢看图片胜于读文章好几倍，具象化的东西总是容易传播，所以大家可别像我一样，码字成性、图片免疫，拉低了它该有的传播量级。图文并茂是为了优化阅读体验，让用户一目了然地接受信息，如果再升格一下图文的情绪，让俏皮、挤爆眼球、愉悦等情感付诸其中，其粘度会更加诱人，这个就是运营细节问题了，自认为，图文黏度对写一篇10万+文章的贡献率为2%，保守了。

第四招：社会响度

其实这一招式跟内容鲜度有点重合，但角度不同。稍微懂社会化传播的人都明白，在做一个案子之前，首要考虑的就是当下的社会主流情绪是什么，不贴合情绪背景的文章注定与大众传播无缘，这几乎就是铁律。我们写一篇10万+的文章，目的不是为了追求虚无缥缈的数字，而是为了通过文章激起社会的正向舆论，切实解决公众问题，这一点你看《穹顶之下》就了然了！社会响度对10万+的贡献率是14%，一点都不高！

第五招：时点高峰

玩媒体是一种眼球经济，除了期待内容的扑面而来之外，还要懂得在正确的时点精准送达用户跟前儿。"天时、地利、人和"的道理，在公众号运营上同样奏效，同样一篇文章会因为发送时间的不同，带来的传播效果会有天壤之别，上述那组监测的数据，已经告诉你了三个重要时点，你不妨琢磨琢磨，另外，公众号也有脾气，每个号的调性各有不同，所以时点选取上也要因目标读者而异，别被大规律给忽悠了。时点高峰对10万+阅读量的贡献率是7%，看着办吧！

第六招：领袖推荐

意见领袖对传播的作用是毋庸置疑的，在微博这种全开放媒体上已经表现得淋漓尽致了，微信公众号其实也特别依赖。在我的认知里，意见领袖是撬动阅读量的支点，尤其是10万+文章的传播过程中，大部分都经历了多重领袖的交织推荐，几乎每一个传播高峰的诞生，背后也都有大V们的影子尾随。建议公众号玩家多储备一些领袖资源，以备不时之需，要说对阅读量的贡献率，毫不夸张地说：12%就算少了。

第七招：粉丝基数

这是最正确的一句废话，说一千道一万，粉丝量才是阅读量的mother，100万粉丝量造就10万+阅读量的难度，远低于10万粉丝量，哪怕你的标题、内容、时点、情绪暗合、图文质量都很low，100万粉丝堆出去，照样能蒙出个10万+来。所以，玩家们痴迷于加粉增粉，是智商正常的表现，不丢人。初步估算，粉丝基数对10万+阅读量的贡献率是19%，偏保守，故意的。

第八招：渠道广度

对于公众号的运营，内容的重要性不言而喻，但酒香也怕巷子深，这个世界上有多少才子佳人泯然众人矣，不是因为颜值不够，而是没有妈咪的推介，文章也是一路货色，它很依赖渠道广度的承载，否则再亮堂的金子也会石沉大海。优秀的公众号玩家，基本都构建了自己的公众号媒介矩阵，10万+的阅读量只是这组矩阵的经典战役而已，16%的贡献率是对媒介矩阵的褒奖，妥妥的。

第九招：互动楔子

互动是社会化媒体区别于传统媒体的核心点之一，这也是为啥很多转型新媒体的老媒体人初期难适应的原因，不懂社交媒体的土壤属性呗。其实公众号的运营有诸多小技巧，能灵活运用的话，对促成10万+阅读也是大有裨益的，贡献率嘛，7%应该没人怀疑。

好吧，关于写一篇10万+文章的"九阴真经"到此算是传授完毕，但对于绝大多数人来说，造就10万+阅读量的核心秘密就仨字儿：纯运气！怎么样？失落了吧，泄气了吧！最后还是送大家一句中肯的话吧：数据是一种假象，分数高只能证明你考试能力强，不代表知识能转化为应用，仅此而已！

微商+自媒体=微品牌

图1-7

  毫无疑问，微商会在2015年引爆互联网圈，据我所知，一些主流资本都开始把眼光投注微商，而原来一些瞧不起微商的主流营销专家，也开始吧啦着嘴巴诉说微商的牛逼。专业级玩家触碰微商，意味着原来的草寇流氓，而今转身成了抢手的花姑娘。所以，以刷屏为己任的老微商们，总算可以名正言顺地赚钱了，藏着掖着的时代，一去不复返了！

  当然，对于闷声发大财的生意人来讲，才不管外表光鲜与否呢，只要能赚到白花花的银子，露个胸又能如何嘛，面膜还是要卖的！

  其实我想表达的意思是，小三变正房，身份不重要，跟老爷同床共枕、共度良宵也不重要，重要的是，老爷换姓了，更要命的是新老爷移情别恋、挚爱正房。微商正在经历着这么一波急剧变化的趋势。三无产品、虚假交易、暴力涂屏、狂拉粉丝的野蛮做法，作为第一波红利富裕了先驱之外，如今能量尽丧，谁要是再指望举着这三板斧打天下，被灭掉是分分钟的事儿。

  平民微商的威胁不是刷不动屏、拉不了粉，而是一大波品牌商开始聚众杀入，而熟谙微商运营套路的早期玩家，不少人开始华丽转身，走上了牛叉的微品牌之路，至此，不思进取的微商们开始被淘汰了。这种淘汰快得令人反应不及，甚至不少初级玩家还在做着月赚三万的春秋大梦，睁眼刷屏呢！这是执行上的不对位吗？是激情鸡血充盈的不够丰满吗？是互联网思维喊得不够响亮吗？Of course not！

  2015年会演变为微商元年，但绝对不是不入流玩法的泛滥，一定是高手的对决，这里面的突出表现就是微品牌的崛起。放心吧，传统品牌还不会大举进攻微信朋友圈的阵地，毕竟受制于传统渠道的束缚和B店的业绩压力，他们才不敢贸然大举进攻。但一定有部分商家会把品牌概念引入微商，解决微信用户的常规信任问题，淘品牌之后，下一个流行可能就是微品牌。有人会说，微商作为社交电商的一个重要组成，靠圈子口碑做购买信任就OK了，有必要谈及品牌吗？永远记住一点：品牌是信任的通行证。做大额订单、特殊品类、区域产品，口碑的意义可能更大，但要想做通用快消品的全国生意，没品牌几乎就是个错误。

  微品牌的打造，标题已经给出了答案，在微商运营上拔高，再加一门自媒体大炮。有人开始抱怨了，我看书都看不下去，你让我码字玩自媒体，这不是玩我的吗？第一，你可以不写，但你的竞争对手会写；第二，谁说自媒体就一定是写东西？你会画画，那就用图画表现你的产品，你嗓门儿好，那就用磁性的声线勾引用户，你小视频玩得溜，那就天天拍几段儿，你程序开发得好，那就写几段代码造个互动的游戏。如果你啥也不会，那就请人玩转上述自媒体内容吧，如果你没钱请人，又很懒，那就不要谈品牌了，品牌是个忽悠人的技术活儿，你适合干点体力活儿。

  微品牌依赖于好产品，更依赖于内容的塑造。在告别产品的三无身份之后，通过玩内容把产品的调性激发出来，实在有必要。再说了，现在玩一个公众号吸引1000个关注也不是太难的事儿，跟上形势玩一下逼格、跑一下流行，利用美图、小视频也能分分钟做到，所以，匹配微商规模的自媒体平台还是能做起来的，只是你现在具备这样的意识了没？这个蛮重要的。

  微商＋自媒体＝微品牌，这路靠谱！

<h3 style="text-align:center">微商大绝招</h3>

图1-8

  微商的话题犹如井喷，但系统说这个话题的，鲜有其人，原因很简单，这个圈子里的理论家偏少，都是闷着头实干型的，即使有几条笔杆子，也因为缺乏实战精神和系统性思维，只能在一两个点上扣扣摸摸、刷刷存在感。好吧，这篇文章试图从广度和深度两个角度，对微商做一番装逼式吐槽，希望大家能瞪大眼睛，小心错过了细节。

据易观国际统计，时至今日，微商从业者已经超过了1000万人，规模之庞大，可见一斑，而TK Brand移动数据研究中心的数据则显示，在1000万人中有76.7%的人在2个月内涉入，这说明微商潮的风靡是近期才刮起来的，当然微商真心不好做，TK Brand针对微商从业者的抱怨也做了统计，发现38%的人反映微商圈里假货横行，20%的人抱怨价格战，20%的人抱怨上游压货而缺乏专业服务，14%的则抱怨虚假营销培训，7.8%的抱怨点选择在了产品更新太快上，这组数据告诉我们的其实是微商局面的混乱不堪。不可否认，微商现在是红海一片，经营难点扶摇直上，据调查显示：反映找客户难、产品推广难和找优质货源难的比例分别是：48.3%、24.1%和20.7%，这个数据基本可以揭穿微商从业者的底裤了。

当然，微商的宏观数据还是喜人的，零点咨询老大袁岳就亲口承认，2014年微商销售额达到了1500亿，这个数据确实能激起从业者的高潮迭起。

关于微商品类，简单总结无非有4大特点：客单价在500元以内、高毛利、大众消费和特色性。从品类上则主要包括5大类：

1. 化妆品类（极致单品爆款）：面膜、爽肤水、美妆、彩妆等
2. 食品类（质量较好的地方特产）：蜂蜜、枸杞、山药、木耳等
3. 生鲜类（本地化为主）：鲜花、蛋糕等
4. 母婴类（针对妈妈群体）：海外代购、时尚品牌等
5. 工艺品类（手工单品）：手艺类草鞋、雕塑、铁艺等

所以说，做好微商选品很重要，当然这些品类只是给了你一个参考，但卖的人也不少，销量好坏，全在乎你的经营水平了。

其实在过去的时间里，也诞生了一些微商品牌，比如俏十岁和嘉玲国际，转型做微商的传统品牌则更多，韩束、雅倩、百雀羚、兰瑟都在这么干。还有些传统平台也开始对微商跃跃欲试，比如天虹微品、苏宁微店计划、万达腾百万，本质上都是微商。

数据显摆完了，不知道你此时此刻的心情是怎样的。接下来，我们窥探一下2014年的微商点滴，为了便于区隔，我们姑且把过去的微商称作"微商1.0"。那么微商1.0的本质是啥哩？在我的感知里，过去的微商其实就是社交工具上的商品流通，是线下代理模式的翻版。它主要以朋友圈、空间为主要销售渠道，而赚到钱的

朋友呢，也基本上以代理分销模式为主，而且门槛偏低。

详细来说，微商1.0的目标客户是代理商，用户是代理商本人及其熟人关系，至于粉丝就算了，过去卖货的很少有真正的粉丝，大家都是冲着赚钱去的，价值观塑造，大部分小白还不具备这个洗脑能力，所以，所谓的粉丝基本是假粉、死粉。

对于微商1.0的核心产品，我一直坚持的观点是：发财梦。至于实物产品，刚才也说了，就是低客单价、高毛利的标准产品，在产品线形式上过于强调单品爆款，导致了市场后期的竞争力羸弱。

团队上，微商1.0偏于自组织形态，缺憾是散兵游勇，一旦遇到集团军，就会有被剿灭的风险。身份上则突出地表现为：低年龄、草根、女性和出淘者。专业上，这部分人优先抓取社交红利，商机嗅觉灵敏（大部分是误打误撞或者被逼），执行力超强，但缺点是运营经验极度匮乏，这也导致了后劲儿不足。

微商1.0几乎没啥平台概念的，其所谓的"自有平台"还是依附于第三方，比如其销售平台拘泥于线上的微信朋友圈和QQ空间，传播平台则和销售平台实现了重叠，管理平台基本以微信群和QQ群为主，培训平台除了微信群和QQ群之外，还有不少人利用YY语音等。

通过上面的长篇累牍，我们不难发现，微商1.0的经营水平相对来说比较Low，但结果却是不少人赚到了钱，看来微商赚钱这个事儿很多时候跟能力无关，风口来的时候，猪也会飞上天，过去的一年恰恰就是证明。不幸的是，微商好景不长，即使今年表面看起来如火如荼，但那都是虚假繁荣，现实比表面风光要惨淡得多，具体数据就不提了，下面直接导入干货，希望对你有借鉴作用。

我们姑且把下一波的微商阶段称作"微商2.0"，其商业伦理是什么呢？答：零售！"微商"二字本质在"商"，"微"是实现"商"的手段，如此而已。当然，微商2.0的商业内涵还是有逼格的，即它是经营"热关系单位"的社交电商，意思是微商做的是关系，不管是强关系也好、弱关系也好，还是中关系也好，能促进转化的就是好关系，商业嘛，只论成败，不看是非的。

和微商1.0不同，微商2.0是有粉丝的，它的粉丝应该是商品拜物教的信徒或者意见领袖的追随者，所以今年玩微商的必须有品牌意识了，虽然品牌打造不容易，但公众号得好好运营了，起码能尝试着走一把"自品牌"的路线嘛！还有客户，今年再选代理商可得尊重"宁缺毋滥"这个词了，另外，意见领袖也应该被当成客户来运营，这是个支点性的资源，运营得好则事半功倍。对于用户，微商2.0则要求三点：分级管理、1对1维护和众创。哦，对了，说到这里不少人开始迷糊了，粉丝、客户和用户三者到底有啥区别联系？不懂的可以扫描文后的二维码加我微信，此处不再展开。

　　再来聊一下产品，微商2.0要求产品必须能体现用户价值，没独特价值的产品就别卖了，当下用户的审美越来越挑，功能、包装、服务处处要到位。关于产品线，缺乏零售经验的微商小白此处可要虚心一下，如果有必要就向零售业前辈多学习一下量本利、进销存和产品线知识，今年的竞争毕竟拼的是运营能力啊！除了产品本身之外，产品内容的运营也很关键，走媒体化路线是微商的必由之路，如何打造自媒体、自品牌，这里面的学问又不少。最后再提一句，活动其实也是产品的一部分，活动常规化是微商玩家要做的事情，活动内容比如：品牌传播、产品促销和客户回馈。微营销活动的策划水平，也在考验着微商2.0玩家们！

　　总算提到团队问题了，我觉得需要从三个方面做考虑：配置升级、利益升级和管理升级。配置上，今年有必要让团队正规起来，缺岗的丰富岗位，职位水平差的要强化、提升，如果再扶不起来就cut掉。利益升级则需要领导人提升格局，一方面下沉利润，让战绩卓著的员工升格为合伙人，另一方面要设置团队成长计划，团队成长是业绩增长的基础，此言不虚。管理升级意思是要摒弃过往的游击队打法，要基于微商环境开启运营管控系统，只有正规军才能抵御变革风险，只有牛逼的制度和执行才能稳固市场地位。

　　关于平台，我坚持"多平台矩阵"策略，意思是要围绕自己的商业，构建立体的平台系统。比如要尝试着布局全网矩阵，PC上的一些低成本流量入口，可以去布阵了，移动端也要赶紧织网，哪怕只是微信，也要把微信群、朋友圈和公众号凝合起来打包运营。微商2.0更要特别重视产品型社群的打造，大家都知道最具备商业转化潜质的社群，也就是产品型社群了，今年玩微商有必要好好重视一下。另外，多

图1-9　陈菜根

本篇作者陈菜根，知名自媒体人，泰研汇联合发起人，泰媒体总负责人，百度百家签约作家，查看更多菜根精彩文章请扫描二维码。

图1-10

平台矩阵不光是线上，还有线下（O2O粗暴落地），如果是本地化的微商，咱能搞周期性的线下沙龙不？如果是全国性微商，你能出差拜访一下代理商不？前几天回顾我5年前做传统零售的数据时发现，那时候做一场活动的投产比真高，线下维护客户的效果比现在的虚拟电商划算得多，这给了你什么启示？

OK，关于微商的吐槽到此结束，没有文采斐然，没有思想的入木三分，篇幅又太长，能在浮躁的碎片媒体时代坚持读到最后，充分说明你是个有定力的人，恭喜了！

1.6 福君说微商场景化营销

微商场景化营销的实践

对于场景化营销的话题范围很广泛，我今天尽量集中在一些微商领域。因为其他领域涉及面相当广泛，比如O2O、移动项目开发等都会涉及。实际上这个概念并不新鲜，而且过去也有很广泛的说法，比如情感营销、关系营销乃至数据营销。场景化营销实质上是过去营销模式在移动互联网领域的更为贴切的解释。

微信是个多维度的场景社交工具，比如微信朋友圈的场景、微信群的场景以及微信公众号平台的场景，实际上还存在其他的微应用场景，诸如红包、支付、视频、语音、Wi-Fi、位置、摇一摇、智能产品、H5游戏的植入场景等。在我们对微信场景做深入了解前，各位可以尝试去理解场景的基本构成要素：链接、交互、触控。

任何一种场景的存在都具备一定数量的链接关系，比如一个微信群的人数及人员构成，往往会决定场景的整体氛围。第二点，一个群的交互方式也就是信息内容的表达方式，就会构成一个场景内部的涟漪反应。好的场景是有着多相性的交流的，是能够交错重叠强化用户黏性的。举例来讲，一个人喝茶和一群人喝茶一定是不同感觉的。而不同人群的喝茶方式也决定了一个圈子的不同。这就好比一个自然选择的过程。当大家在同一个场景下互相交流，并且对交流的效果做出反馈的时候，就是激发触控的阶段。每个人都有一个心理上接受或者不接受的指令。

那么场景化营销如何形成？拿多数微商来讲，大部分微商朋友圈卖货都是单一产品的销售模式，这就意味着本身在场景构建上较难构成，也将导致用户黏性与产品转化率的下降。所以好的营销方式是缔造场景的"移情"作用。用其他的需求来填补单品销售的枯燥乏味。比如很多微商在朋友圈卖货的同时经常发心灵鸡汤文字、段子就是一种移情作用。放大了说，这些段子有时候起到了一个很好的"自媒体"传播意义。此外，我们还可以通过产品社群来对用户进行场景营销。社群内部广泛提供各种服务，乃至是与售卖产品无直接关联但是拥有相似属性的服务，诸如日常话题的一种降解分析（对产品使用场景的一种描述），分享使用过程里有趣的生活共鸣与心理感受。这样的方式也较为大量为产品社群所广泛使用。

场景化营销的实际是抓住人们的心智，从产品向衍生的生活方式"移情"。这有助于让人们对销售的接纳与降低对产品负面体验的感知。最为关键的一点，产品所代表的广泛潜在的附加值可以得以释放。我们讲，卖货并不是目的本身，卖的是一种价值观，一种体验方式，一种生活选择。

从某种意义来讲，产品社群可以广泛链接跨界的福利产品作为主力产品的有效补充，也可以加深消费者对社群的广泛认同。最终，我们需要的是消费者能够持续消费并且深爱在一个充满"福利"优惠的群里"厮混"。

这些福利产品可能是主力产品的场景构建要素之一。比如你卖床上用品，那么也许台灯也是一个可被情感化输入的商品要素。同时床头的书籍也许也是一次升华生活体验的良好互动点。此外，将有形产品"移情"为无形产品，是场景化营销最为要义的方式。比如"深夜情感话聊"有可能成为消费者十分有兴趣的内容产品。心理咨询师有可能成为社群的座上嘉宾。你所提供的场景服务将不断衍生出相当有趣味的生活圈。

很多人都在讲微商不靠刷屏如何能够留住客户？我想，场景化营销就是一个非常靠谱的办法。我们都知道留住一个老顾客的价值远比不断刷粉加人发展新顾客要更好。假设你一年服务100个客户，那么一个客户一年在你身上持续消费至少10000元，你的收入将是十分可观的。而同样逻辑下，如果你一年要加1万人，每1万人只有1000人购买，而且都是一次性购买，那么你的投入产出将只能依靠流量刷屏方式来进行。实质上这是非常不经济的。

场景化营销对于一般微商来讲的确有些专业，但是这世界是没有免费的午餐的。如果你希望你的微商事业持久有效，希望你不是从初恋到结婚都在天天刷朋友圈卖货来维持生存，那么你一定要学会用专业的营销管理能力来经营打理自己的事业。

对于初级微商，我提供几个建议，至少你需要先入门学习如何做场景化营销。

1. 围绕你的产品仔细研究该产品的使用场景；2. 在这些使用场景中去发现那些可能会激发你内心欲望与影响心情指数的因素；3. 找到这些因素去挖掘更多此类因素以外的精神属性，可以直接地说就是你要去学点心理学与文化的关系，你需要找到类似的自媒体内容作为你发布给消费者的一种精神回馈。

持续坚持地去维护这个内容体系的经营，你会发现消费者对你的感知与认同将会从产品体验阶段上升到价值认同阶段。也就意味着她已经不单纯只是购买产品，而是基于对你人格化魅力的广泛认同，约等于"你卖啥，她买啥"，只因为"她爱你"。

从经济学角度来讲，依托人的关系、商品的关系、内容信息的关系，三个维度可以锁定一个持续消费的顾客。这样的逻辑实际上是很强大的销售体系。比起过去靠流量刷粉加人来维持消费增长要好很多。对于一个维持小而精的老顾客群体来讲，你的人生不是只有手机，而是边赚钱边交朋友边旅行的过程。良好的时间应该矫正微商低头族的盲从性。试问，微商赚钱了，那么你的生活哪去了？

最后总结一下：场景化营销要先建场景再营销。在没有场景构建能力的时候，要先考虑从产品线组合、内容搭配（比如鸡汤）、社交关系（淘汰无效社交）方面开始，再一步步考虑如何能够把这个结构做得更完美，更有关联性。你可以从消费者的反馈中看到你要的结果，你可以从产品体验的跨界销售数据里挖掘到消费行为的价值选择（消费决策是关键）。从而你可以十分坚定地说：我很了解我的消费者。

至于营销如何关联，那就需要更多专业来支持了。此话以后再谈。感谢各位。

图1-11 福君

本篇作者福君，企业战略转型顾问，创投咨询师，互联网研究者，厦门正信策略投资管理有限公司CEO，星尘会创投孵化平台创始人，微尘社交电商发起人，泰研汇联合发起人兼首席架构师，查看更多福君精彩文章请扫描二维码。

图1-12

1.7 传渔讲微商技巧

使用QQ群打造5000精准好友客户的技巧

现在做微商不缺产品，缺的是粉丝，更缺精准粉丝，加粉是最最困难的，尤其是精准客户粉丝，下面给大家介绍一个加精准客户粉丝的方法。

简单举个例子，你现在从事母婴用品的销售，那么你的客户群体是妈妈类型的客户，但是现在微信、包括微信群，很难查找精准客户，无法区分客户的年龄和客户类型，只能区分男女！

那什么地方可以找到精准目标性客户呢？

QQ是这些年大家都在使用的IM聊天工具，QQ群更是大家聊天的社区，并且有明确的细分化，有同城交友、生活休闲、行业交流、娱乐八卦等。

比如说，母婴用品的精准客户是妈妈类型的粉丝，那么我们怎么吸引这些粉丝？

第一步：不要加全国性的群，要加地区群，比如你可以搜索：北京妈妈，上海妈妈，广州妈妈。这样的群非常多，每个群都有几百个妈妈，有些群非常严格，必须要求你把小孩子的出生日期都备注好。说明里面的客户群非常精准，是我们想要的那种人群。

第二步：如果我要把北京的群加满，我就会先把自己的资料改成女头像，性别写女的。年龄写27岁左右。地区一定是写北京，然后其他资料完善一下。

第三部：最核心的一点，就是你的个性签名，如果你自己做过群，你一定有这种习惯，就是新加入的人，你一定回去看看他的资料，是不是来发广告的。所以为了掩盖这一点，我把我的个性签名改了，写上：有了小孩压力真大，我该怎么办呢！求同情。

这句话很重要了，90%的群主，都以为我是妈妈，不是发广告的。然后我加了10个群，9个瞬间就通过了。

第四步，进群了怎么办呢？进群了就要跟大家打声招呼，跟群里的人闲聊闲聊，多分享一些育儿经验，混熟群里面的妈妈们，让大家喜欢你，喜欢你的热情，大家都会很愿意加你微信，千万不要潜水。然后就是擒贼先擒王。挨着去找群主，跟群主聊，告诉群主，你是一个妈妈，但是你在兼职做一些小生意，也挺不容易的。能否在公告的地方写个广告？比如每个月给你充点话费？（不能保证每个群主都愿意，但是一定有愿意）关键是看你如何说服群主。如果群主投降了，意味着你长期拥有了一个人气火爆的精准妈妈群，群主会帮你把群里的人引到微信上。所以你根本不需要去发广告，引来别人的反感，要学会合作。其他产品吸粉方法你只要找到合适的QQ群（鱼塘），想办法去渗透即可，根本没多难。当你通过这样的方式引来了粉丝以后，就意味着你可以开始赚钱了。为了长远的利益，你应该好好珍惜这样的资源。你要想办法贡献价值，要想办法让他们喜欢上你。比如你通过建立一个公众号，把对妈妈们最有帮助的文章转发到你的朋友圈。或者把一些妈妈们最关注的东西，分享给他们。或者偶尔发一个有问必答的说说，只要妈妈们留言发问题，你就去网上找最好的答案，发给她。也可以把网上一些精彩的问答内容分享到朋友圈。把你的朋友圈变成一个媒体，一个妈妈人群会喜欢的媒体，有了信任感，你分享的产品他们才会买单。

图1-13 传渔

本文作者传渔老师，1500万公众平台粉丝玩家，微信实战应用专家，网络营销实战专家，百度搜索引擎排名实战专家，传渔网络营销学院创始人。传渔老师拥有9年网络营销经验。从2006年进入互联网，致力于研究百度搜索引擎排名SEO、网络营销、移动互联网微信营销以及落地成交实战、互联网盈利模式等，长期为数百家公司提供百度搜索引擎排名SEO和网络营销策划服务兼网络营销顾问，经常为企业写网络营销方案，对网络营销有着丰富的经验。主讲课程和研究领域有：微信运营以及营销管理、网络营销运营系统、网络客户数据库的组建、网络精准客户的定位等。查看更多传渔老师文章请扫二维码。

图1-14

1.8 徐刚说微信社群商业化

说说社群商业如何实现"从0到1个亿"

我想告诉你其实题目是个噱头！

"从0到1个亿"不是坐等可以获得的红利，而是在所有微小因素的沉淀和努力，我们通过社群组成的量变推动了质变的过程。我想要更多分享的是我对于社群商业化的浅解。

社群是人类进化发展自然形成的社会现象。在我们的现实生活中，通常会因为相近的爱好、共同的语言或生活方式，在共同的圈子里组成一个社群。比如一个村、城市甚至一个国家。而交通等因素影响着社群活动的范围。然而，当社群活动达到一定规模时，社群内通过信息交换、成员互动产生的内容和资源交换进而推动商业活动乃至社会或国家的经济活动。

在今天，不论是微信还是微博，社群所产生的交互性社交在生活中越来越重要，无形中在改变着人的生活习惯。比如吃饭前先拍照，动态发在朋友圈，在群

图1-15

里的互动……其潜在的依赖性和信任感，将现实生活中的地域限制打破，将许多散落的、看不见摸不着的决定性因素聚拢了起来，积累呈现，我有幸是这场变化中的一员，见证了一个时代的诞生。

十几年来在商业上的积累可以使我能更加透过商业的角度去经营社群的资源转化。作为淘品牌"策恩"的创始人之一，当年我们通过十几页的PPT获得第一笔投资，像是自我孕育的孩子嫁了一个好人家一样。再到后来传统电商的转型，为百丽集团的电商体系打造；在微信群创初期果断地全身心投入到K友汇社群经营中，一步步走过来我们所看到的、所经历的没有任何参考。我同我的伙伴们一起走了出来，到今天，我们作为国内的一大社群创始人始终还是秉承为更好地去服务每一位K友、每一位好友的原则。我仍然坚持每天工作18个小时以上，每天处理超过5万条的信息。感谢我们的每一份付出都能有所回报，今年我同一群志同道合的年轻伙伴在泰山顶上一起誓盟，用务实、落地、整合、开放的态度去搭建一个集社群经济、移动开发技术、自媒体运营、信息架构的平台——泰研汇，更好地为社群去做深度的独立剖析、咨询及导引。

当大部分的互联网社交网络建立的时候，市场仿佛变成一块蛋糕，所有人都想要勇猛地切得比别人更大，于是越来越多的社群涌现，各种较劲和比拼，比拼谁能更快更好地复制和翻版新潮商业模式。但是，商业环境形成的几项要素：交互、技术、方便性、成本。商业模式的基础是交互，商家与消费者，资源与需求者等，所以当你的社群交互目的越清楚，你就可以做精，你的规模也就随之发展，所存在的商业价值就会越高；也就是当你的社群活跃度的交互越频繁，所带动商业活动创造的价值也越容易实现沉淀。所以我们更多的是做自我增值的事情。增值来自于不断创新和持续改进，从而实现质的垂直性层级跨越，由此开辟一个只属于自己的蓝海市场，而不是去做1到N的复制，那只能是遍地抄袭的山寨模式。

要记住，这是最好的时代，也是必须拼的时代，商业的世界每一刻都不会重演。一个人永远无法踏进同一条河，下一个比尔·盖茨不一定会开发操作系统，下一个马克·扎克伯格也未必能创建社交网络，所以你如果只是照搬，那么你就无法像我们真的"从0到1个亿"。

所以题目也是真实的，对于社群来讲，我们通过不到两年的时间，从0到现在1个亿的估值也是真实存在。在今天，没有"最佳方法"，通常的"最佳方法""秘籍"都有可能把我们引入死胡同，而最佳的途径是通过本质的反射来做未经尝试的新路径。我的内容无法给你成功的秘籍，事实上，我们更关注的是成功人士总能在出乎意料的地方发现价值，而他们懂得通过商业的本质，设计可遵循的模式，还有就是坚持！

图1-16 徐刚

本文作者徐刚，K友汇合伙人、商业总负责人，K商支付董事长，开友理财总经理，开友商学院副院长，泰研汇、懒人村联合创始人，"策恩"品牌创始人，中国家用电器商业协会顾问。查看更多徐刚精彩文章请扫描二维码。

图1-17

第二章　微商兵法

> 回归本初，商业营销的根基是流量，流量即人，互联网思维就是想尽一切办法先圈人，你有钱，那就好办了，可以学滴滴打车一样，拿几个亿出来，看谁不用滴滴拿钱砸谁，现在的企业获取流量和用户的成本越来越高了，究其原因除了信息泛滥，还有一点就是老百姓被这些土豪给惯坏了，如果你没钱，那就踏踏实实、老老实实地按照下面的去做，最笨的方法也是最有用的方法，也是永远不会过时的方法，老祖宗教会我们的做产品就是做人，永远不会错。

2.1 36个微商兵法

6年前入秋后的一天晚上，她第一次察觉到了作为准妈妈最幸福的感受：胎动，一个小生命正在用行动告诉妈妈他(她)真实的存在。为了生出健康宝宝，她辞掉了家人费尽力气为她争取到的联通公司在编员工的工作，第二年的3月14日晚上8点19分，她忍着剧痛生下了一个可爱的男宝宝，看到还未睁开双眼的孩子，她流出了幸福的泪水，因为婴儿出生体重7斤7两，她为孩子取名：七七。从那天开始她做了一个全职妈妈，一个纯粹的80后妈妈桑。

上帝是公平的，他在你放弃一个机会时总会为你安排另一种美好，两年前她从一个玩微信的深圳朋友（就是我啦）那里知道了微商，利用空余时间她也开始了尝试，在没有任何朋友帮助的情况下艰苦奋斗自力更生，从0做起到现在每月都能入账10万左右，从做厂家的代理到创立自己的品牌（什么品牌我就不说了，有广告嫌疑），她确实做得很不错，在微商界知名度也挺高。上个周末，居然带着儿子去东门大街发传单去了。下面是从我总结的实战112计加人方法中再次提炼的36种适合大众，拿来就能操作的实战技能，纯干货，慢慢看吧，永远记住一点：举一反三，结合你自己的所长和产品属性制定出适合自己的方法。

2.1.1 利用当地免费的广告信息栏吸粉

图2-1 巧用当地广告信息张贴栏

每个城市的社区站都有免费张贴广告的信息栏，发布个公司招聘信息，扫描二微码联系，你就坐等涨粉吧！还有一些被个人广告公司承保下来的豆腐块广告栏，收费很便宜，我住的小区附近商场就有一个，靠近车站，A4纸张大小的位置，50块钱一个月，500块钱一年，而且这些地方一般在繁华地段，人力资源市场或超市附近，好家伙，每天都有少则几百号，多则一两千人在前面晃悠，两包烟钱、一包面膜可以带来成千上万的流量，再说这些人一般都是屌丝，没事干，天天刷朋友圈，只要你的文章好，他们是最好的传播者，这点钱花得值！还有一个好地方，提醒大家，上过大学的朋友应该都知道，校园里有很多张贴栏，想招大学生兼职，这里是个发布信息的好地方，另外这里绝对免费，而且大学校园只要你长得不猥琐，进去相当容易，别忘了我一个朋友之前讲过的话，未来，得屌丝者得天下，学生一族，可是有素质的屌丝群体啊，除了消费能力不行，传播，个个是高手。

2.1.2 先请同行吃个饭

图2-2 请同行吃个饭

同行之间的互相推荐，是你想进入一个圈子要迈出的第一步，你必须认识圈子里的人，现在有太多的机会可以给你去和圈子的行业人士交流了，也有太多这种免费的微商交流会议可以去参加了，所以你要经常参加，反正也不要钱，多去认识一些圈子内的人，然后和你互推，资源互换，当然你要先有一定的好友数量，不要怕少，没什么丢人和不好意思的，你有100个好友资源，那你就去找100到200人的，你有1000个好友，你就去找1000到2000人的，确定跟你互换的对象后，就可以开始互推了，假如他卖的是另一个品牌的化妆品，比如某爽肤水，你就在你的朋友圈里推她的某爽肤水，他就在他的朋友圈推你的面膜，当然你要尽量挑比较热销的，而且要经常换着不同牌子，换着不同的产品，同类型近似的产品不要在半个月内重复，互推的这种方法，有经验的朋友可能就意识到了，这跟公众平台的互推有些交集，所以先请你同行的前辈吃个饭吧，递根烟，敬杯酒，说两句好句，你绝对有收获。

2.1.3 大批量导入手机号码

图2-3

先给大家介绍两款导入号码资源的软件，电脑和手机端都能下载，就是QQ手机助手或者360手机助手，这两款软件能把成千上万的手机号码导入到你的手机上，你去赶集或者58上找做保险的，做安利的，卖房子的，租房子的，卖发票，招兼职的这类人，他们本身就是以销售为目的，反之你也可以把他们当作自己的客户，大家都是爱美的，都需要面膜，只要不是奢侈品，一般都能消费得起，而且这个群体每天都有新人加入，是个活水资源，一天的时间可以找个一两千人，然后你通过上面的软件导入到你的手机通讯录里，微信会自动显示谁开通微信了，然后你就添加，这些人几乎90%以上都会同意，因为他在网上发信息就是为了吸引流量，就是为了让别人找到他，这批人平常都是对人点头哈腰，把客户当爷对待了，也是经常被虐的一个群体，你稍微对他们热情点，当他们是朋友，他们会加倍对你好的。

我曾经遇到过一个房屋中介，一个1990年出生的小伙子，通过他我租到了心仪的房子，位置就在他们店铺的楼上，是我回家途中的必经之地，每到他们下午6点下班的时候，他总会到门前的凳子上抽支烟，所以我们经常相遇，而每次他看到我，都会主动给我打招呼，给我递烟，后来熟了，请我喝酒，每次都是他花钱。这下可好，我把他从我身上赚的中介费，又喝回来了，其实他只是上班天天打电话，累，想找个人扯扯淡而已，再加上我性格很好，自然我们也成了朋友，所以，这是一个可以深度挖掘的群体，不仅仅可以推销微商产品。

当然获取批量手机号码的途径很多，根本不用去网上买，下载个手机号码生成器，输入你所在地的前六位七位号码，软件会自动生成大批量号码资源，这样做本地市场的朋友，利用这个路子，就可以把你的客户精准到本地了。

2.1.4 利用线下资源

图2-4

不要动不动就讲O2O、线上、全网营销，在中国，做任何事情都要接地气，不把根基打牢，暴风雨一来，桥塌楼倒，所以，做微商，一定要把线下资源利用好。

如果你或者你朋友有店面，直接在店面里摆放易拉宝、海报之类宣传媒介，当然你不能和店铺产品冲突，最好还能互补的，比方说一个做健身的店，你可以放个美容海报，如果是朋友就不说了，如果不是，你可以提出跟他合作，所有通过这个店铺扫码进来的资源，你可给他提成，或者你如果有个美容店，你可以在你的店里放他健身房的二维码。

如果是朋友都不愿给你放，这个时候你要考虑下自己了，为什么大家不愿意，是你社交的问题，还是你的朋友不够朋友，如果你连找个有店铺让你放海报的朋友都找不到的话，还是建议你先学学如何和别人交往吧。

当然如果你和你朋友都没有店面，没有关系，去当地人最喜欢逛的一条街，利用你的三寸不烂之舌包一条街，比如，你是深圳的，你可以去东门挨家挨户地说服店主，把你的二维码铺一条街下来，怎么说服，肯定是实实在在的利益喽，提成也好，共享也好，只要有利益，总有人愿意与你合作的，因为他卖衣服的店，不卖化妆品，进店的客户卖了衣服就走，他只赚衣服钱，如果有个化妆品能有成交，就可以把稀缺客户资源最大化地充分利用，当然如果你不能铺一条街，你可以选择三家店，街头、街尾、街中，这个方法还是比较牛逼的，在获取粉丝的同时也可以为你的品牌期待宣传效果，你可以很有逼格地对你的客户说，你看，我的产品都O2O了，和各大线下渠道都是战略合作伙伴。

让我们再过一百年回过头来看，百年老店，绝对是踏踏实实做生意、做口碑的线下店，而不是今天1.0明天2.0的网络平台。

2.1.5 利用既有客户巧做裂变

图2-5

如果本身你就有实体店铺，那就可以更好地利用资源了，来店里的人，你要想办法让他们留下联系方式，用打折、办卡、送礼物、送优惠券、甜言蜜语等各种糖衣炮弹的方式，只要套出客户的联系方式，或者直接加了他们的微信，就是今天不买你的衣服，没关系，明天把面膜卖给他！

现在，一直困扰我们做实体店铺朋友们的问题是，不知道微信加粉丝到底有什么用？怎么用？用微信公众号加粉好，还是用个人微信小号加粉好？我告诉大家，对实体店铺而言，微信这种社交平台的最大可利用处是把进店后没有产生实际购买行为的初访线下客户，延伸为你的线上客户，首先要做的是一定要先用你的个人微信小号加他为好友，有了他微信，不管你以后是否引流到公众平台上，不管这个客户是城北还是城南，也不管他以后来或是不来，点标题下方蓝字或加微信七四五六六八一二三找原创，接下来你都有在微信上面做他生意的机会，而且机会非常大，第一，他来过你的店里，对你多少有些印象；第二，你有实体店作为依托，可以给他提供信任感，这是他们陌生粉丝所不具备的优势，本来实体店的日子已经不像以前那么好过了，你还不可劲把能进店的客户转化成回头客。

　　我们一起分析个实际的案例，看看一个卖化妆品的传统店铺如何利用微信营销做客户的。深圳龙华某虹商场一楼有家做化妆品的实体店，日客流量在200人左右，一个月有6000人左右，其中有6成的客户没有购买产品，原因无非是两个，要么产品不合适，要么价格不合适。好，问题来了，店长在这个时候应该做什么？幸运的是这家化妆品店的老板很有微商头脑，我教他把微信小号的二维码制作在卡片上，他从厂家拿来很多小瓶子的试用装产品，凡是扫码二维码加好友的，送一小瓶试用装，此时已安排店长记录下每个客户没有购买产品的缘由，然后分析这些数据，通过微信进一步营销，觉得产品不行的，推荐她另一个牌子的产品，觉得价格贵的，以团购的名义，降价卖她产品，这样不但充分挖掘了客户资源，而且也让店员销售量和销售提成大大提升，进而刺激了店员的上进心，形成良性循环，3个月下来，他们已经做到了12个满上限5000人的微信小号，全是二次营销的客户以及客户带来客户，而且依托店铺把其中155个客户，发展成了他旗下的当地微商代理。在尝到微信营销的好处后，他下一步计划依靠线上线下的这些资源拿更大的品牌代理权，铺更大的微商销售网络。

　　还是那句话，如果你没有自己的店铺，OK，去找有店铺的亲朋好友做吧，但是诸如以上有点泄露客户隐私的事情，人家可能不情愿。没关系，最有效的方式，就是和他做合伙人，2015年你的朋友圈，不是被到处招募合作人的信息刷屏了么？是的，2015年抱团打天下，能大大加快你事业的发展，实在找不到的，教你一个损招，快快找个有店铺的女（男）朋友吧。

2.1.6 利用微信群

　　讲个比较快捷的加人方法，以建微信群的形式，快速加人，首先你需要一个有一定数量好友的微信上的朋友做配合，当然如果这个朋友有一定的影响力的话，只要他把你群的二维码分享到朋友圈，很快就会爆到100人，前提是你要把群的主题定好，就叫相互快速加好友，资源共享，纯粹加好友，不聊天，然后在群里说

图2-6

让所有人暂时关闭微信加我为好友是需要通过验证的选项，这样的话，一个100人的群，十几分钟就可以把群友加完，比一些吸粉软件都快。好，如果这个是1建的群，加完后，再换2建群，这样就可以加不同人所建群内的群友，而且可以加很多轮，理论上讲，因为总有新人进来，旧人退出，只要一直有人补位，这种加人方法可以一直循环下去。

这里要提醒一下，你建的群一定要起个高大上的名字，比如深圳高端人脉交流群、深圳白富美俱乐部、深圳国学总裁班等，然后，把你的头像换成有点气质的头像，名字改为群主、俱乐部负责人、总裁班班长之类的头衔，而且一定要处在群的第一个位置，这几点一定要注意，每隔三两天不定时发几张在高档场所吃饭的照片，美女私房照，学习的现场照，这个群就会持续下去，当然觉得没意思的会退出，然后再不断有好奇的人进来，那么这个群就成了你的饮水活泉。

还有一种类型的群，男人们都应该知道，也是活跃度最高的，是的，这个群就是你心里想的那种群，而且屡试不爽，效果显著，深深抓住了男屌丝的心，那就赶快建个试试吧，名字嘛，含蓄一点：快播种子98群，当然你需要提前准备好几颗种子哦，什么？没有？那就求助于你身边的男同学吧。

2.1.7 适度炒作

你会发现有人很善于利用朋友圈炒作，比如在朋友圈里发这样的信息："一个朋友最近在寻找一个市内黄金地段2000平方米以上的场地，用来办公，有资源的请联系微信号：××××××××，非诚勿扰！"或者"一个朋友转让一个手机号

图2-7

138XXX88888"或者发一个漂亮的铁包金藏獒图片，附上"朋友自己养的一只价值百万纯种藏獒寻找买家，联系××××××××"或者"朋友急需用钱周转，刚上牌不久的一辆路虎低价转让，需要的可以直接联系我"，等等，这些信息后面，一律有一句相同的话，就是欢迎转发，转发有礼！发这种朋友圈一是为了炒作，表明自己的人脉圈子很广，朋友都是土豪；二是为了吸粉，其实主要还是为了吸粉，你去加他们吧，大多通过你后，会告诉你，事情已解决，多谢帮忙！而这个时候，还会有很多想做微商的人问你如何能成为你的代理。

好多朋友问我，这个方法有点土，真的管用么？我要说这是个技术活，装不好事倍功半，装得好事半功倍，那怎么才能装得好呢？记住，一定要在陌生人面前装，因为熟人都了解你，所以这个微信号，应该是个小号，最好的效果是要配合上面的几条方法来用，人加得差不多了，哎，这个时候，适度扮一下土豪，别人对你可能另眼相待。那又有朋友问了，这个方法现在还有人相信么？我告诉你：有的。为什么呢？因为中国人多，另外你想，买彩票的人都怀着什么心理呢？万一中大奖了呢？所以一辈子买彩票没中过一毛钱的多的是，但恰恰是他们最乐意买彩票了，因为都想一夜暴富，是的，这个心理和看你装逼的人是类似的，因为他们会想，万一你是个土豪呢？这个道理也能解释，你明明知道美女们都用美颜相机拍照，而你乐此不疲的第一件事还是关注她的朋友圈动态。

7.1.8 利用QQ群做微信推广

必须说到的是QQ群微信推广方法，不需要太多，不要贪心，也不要看不起这个大家都会用的方法，恰恰是大家都知道的方法，却没有人能用好。准备一个太阳号

图2-8 利用QQ群做微信推广

的QQ足矣,加一些全国各地的大学生交流群、各种代理群等,总之只要潮人关注的群你就加。我教你的是,坚持把发QQ群形成每天的工作习惯,一定要坚持才有效果,因为你每天打开电脑的第一件事就是打开QQ,不是在群里发广告。举个例子,比如我加的是大学生的群,那么我可以发一条关于各种考试、各种大学生相关题材的新闻,这些信息是你提前编辑好的公众平台内容,直接复制进去,然后在下面留下你的微信号就可以了,很简单,这样既可以把你的公众号植入到群里,然后大家感兴趣的话也会帮你分享,宣传你公众号的同时,也宣传了你的微信号。不要多,每天发一条够了,复制到其他群,整个过程下来前后不过十几分钟的事,坚持下去,你会收获很多,我有位朋友通过我教他的这种方式,今年3月份从传统领域转行做金融产品,业内人士称之为股票配资,他用最笨的方法,坚持每天加群20个,每天上班前在每个群里,发一条连续一个星期都不重复的软广,这样他坚持了一个月,真真切切做了5000万的业务,实实在在地见到了成效,而且他是公司新来的业务员,一个月完成的业务,比之前做了两三年的老员工利用回头客和传统渠道一年做的业务还要多,他就在深圳福田会展中心附近一个金融公司上班。可见再简单的方法,只要坚持下去是多么可怕,你要知道现在这个浮躁的社会,能坚持做一件事情的确实很少。

还有一种利用QQ群的方法,用十个QQ,一定要太阳号,每个QQ每天不停地去加群,一个QQ一天只能加20个群,有人要问加什么类型的群呢?针对上面的素材我们加全国各地的妈妈、孕妇群、美容护肤类的、减肥瘦身类的、丰胸美白类的,总之只要女性关注的群你都要加进去，加进去的目的不是为了发广告，举个例子，比如我加的是妈妈群，那么我可以发，各位姐妹今天关注了一个微信公众号，里面有篇文章写的是"宝宝健康饮食你不得不学的秘密"。这样顺利地把你的公众号植入到群里了，然后大家也得到了真实的内容分享。你说群主会踢你吗？大家也不会嫌你发广告扰民，一定要有技巧地投广告。

2.1.9 和直销员、保险业务员做朋友

图2-9

这个一定要单独说，太有独特性了，还是利用QQ群，你知道什么人每天都保持一颗激情火热的心么？对，保险和直销，申请个Q号，取个相关的名字，加到这些群里，每天发一篇保险多么重要，直销多么伟大，哪个业务员赚了大把大把的钱，哪个明星名人说保险好、产品好，谁谁谁买了保险后逢凶化吉，谁谁谁用了产品后年轻十岁，行业内重大新闻等利于传播的信息，用公众平台编辑好内容，隐蔽地留下你的微信号，妥了，这帮人，会疯了一样在朋友圈帮你传播，你就等着笑吧。

另外一个方法是在QQ里烘托气氛，自卖自夸的形式制造话题，让别人主动加你，就是在同一个群里加入你其他几个的QQ号，最少4到5个，最好是关于美容健康育儿护肤之类的群，加进去以后你这几个QQ号就可以在里面说话，关于美容健康育儿护肤之类的知识什么的，把整个群的气氛都搞起来。气氛起来以后，专门恭维一个QQ好，其他的号，都是托儿，然后在大家都想从你口中知道些东西的时候，留下微信号就果断退出，这样群里被吊足胃口的美女会主动加你微信。

2.1.10 搜索引擎推广

搜索引擎网站推广法，专业术语叫SEO，这个方法可能对于一些新人不太适用，但是我还是要写出来，因为这种方法能很快地占据百度首页位置，尤其是适合冷门，

图2-10

小众群体的产品，制定与你产品有针对性的长尾关键词，例如一个做潮牌运动鞋销售的，那以纽巴伦鞋作为关键词定位，去制定100个与我行业相关的长尾关键词，比如说，纽巴伦鞋什么价位，纽巴伦是哪个国家的品牌，纽巴伦贵不贵，纽巴伦鞋的经典款式，等等，每一个词生成一个独立营销页面，然后利用技术做交叉连接，快速提高权重，这样下来半个月只要一搜我设定的关键词首页一定有我的网站，这些关键词的百度指数都是很高的，效果就不用我再说了。

这里，我再介绍一种博客网站推广的方法，引用好文章，里面巧妙地加入自己的微信号和二维码，然后发布到自己的微信公众平台和各大与产品相关论坛和贴吧。文章标题是关键，一定要达到消费者主动转发的效果，软文要有发表的地方，一个是发到论坛，文章站，一个是发到博客里，发到博客里有个好处是这些第三方博客权重高，容易被百度收录，排名靠前。

上面说的很简单，可能还是有朋友看不懂，一窍不通的朋友，可以问问身边的人，学过网络的基本都懂，实在没有办法的，好吧，好人做到底，上面提到的传渔老师，是这方面的技术黑客，大家可以找他拿一份基础SEO指导课程，免费的，就说是我说的。

2.1.11 利用媒体站

大家都知道通过各大媒体网站帮我们传播的话，效果是非常好的。我之前在其他站长网发布了几篇文章给我带来了几千个高质量的粉丝。当然这些文章都是比较高质量的文章，很多朋友看见我分享的方法不错，自然就会加我微信关注我了。这些粉丝的质量是最高的，他们是仰慕你而来的。所以大家不妨也写一点文章之类的去其他网站发布，加微信745668123找原创发布要选好的平台，反正最多人去的地

图 2-11

方你去准没有错。而且在文章的多个地方加你的微信号，避免人家转载了改成自己的。如果你把微信号加在文章里面的话，一般很少有人会删的。很多转载的基本也不会细看你文章里面有没有什么广告。如果你自己不会写的话，也可以到国外的网站找一些比较出色的文章来投稿的。只要你的文章好，一般人家都是会帮你发布的。但是千万不要找随处可见、百度已经收滥的文章。

这里要注意一点，留自己微信号的时候，除了纯数字的，最好也穿插两三个大写数字的微信号，目的是为了防止"小人"在转发你的文章的时候，把你显眼的数字微信号删掉。

2.1.12 有实力还是要上电视的

图 2-12

现在的中央电视台节目、创业家、农业频道等很多电视节目都是可以自费上的，当然费用有点高，不过，如果你的产品有前景，一定的投入还是很值得的，而且上电视这么高大上的事情也会对你的品牌带来很好的效应。要的就是一个信任背书，而这个背书在你需要用到政府、学校等这些资源的时候会起到不小的作用。

当然，在上电视之前，你要对自身做好清晰的定位，上电视，是为了什么？上了电视之后怎么推广？能为你接下来的谈判也好，吸引资源也好，招商也好带来哪些益处？一定要细化，到具体的点和具体的执行人上。比如，我一个做微商的朋友的公司要上新三板，所以他要在电视上露露面，制造点舆论，他的目的很明确，结果也是顺利地在前海挂了牌。如果单单就是为了上电视而上，那建议你放弃这个念头吧，能把这种面子上的事情玩好的人，真不多，尤其是对资金紧张没有多少推广预算的朋友来说，一定要记住一句话：不见兔子不撒鹰。

2.1.13 作秀宣传

图2-13

一提到作秀，好多文艺青年和老古董们就鄙视了，说你靠作秀，没有真本事。试问，有真本事，他还作秀干吗？马云不用作秀，王健林也不用作秀，但是王思聪就会作秀，他缺钱么？不缺，他缺流量，说白了就是为他身后的企业引流。明星需要作秀，因为他们需要人们时刻对这个群体保持关注度；媒体也需要作秀，他们要靠传播量吸引商家们投放广告。所以，有一句话送给大家，干吗跟流量过不去！作秀就是为了流量！

比如，庸俗一点的，在地铁里穿上古装，扮演韦小宝，找7个美女搂着你，在美女屁股上、后背上、胸前贴上二维码；在东门地铁门口，跟平常乞丐一样乞讨，可以跪下来，可以站着，不同的是真乞丐拿盆子要钱，你印张二维码，搞微信支付，到现在为止还没人这样干过，你去干，不只是能吸粉，说不定还能火一把。这个方法适合任何人，不要说你脸皮薄做不来，有反常态这样的话，方法是个馊方法，但这是个很快到达目的的捷径，你做不来可以雇人嘛，或者干脆给乞丐一个二维码，你一天给他点零花钱。当然，还有很多方法，节省空间，就不说那么多了，真想尝试的朋友，可以找我，我免费帮你出个可行的针对你的作秀主题。呵呵，在别的地方，没听过没看过这种干货吧，还有人这样写书的，渔夫不会让读者朋友们失望的，拿着血汗钱来买书，不掏心窝子地说干货，就是耍流氓，就是小人。

作秀来源于生活，待在办公室里吹着空调永远也想不出来，跑到人多的地方去观察，多动脑，多和团队成员碰撞，碰撞出自己牛逼的想法，当然别人用过的你也可以用，别人没有用过的最好你第一个用，不要怕低俗，有个身材高挑、穿着暴露的美女从你身边经过，难道你不瞄一眼么？

2.1.14 婴童类产品要经常泡妈妈论坛

图2-14

宝宝树、妈妈帮等这些妈妈论坛里面发布一些妈妈们比较信任的话题，比如饮食、医疗方面都是他们最关注的一些问题。那我们可以发布一些经验和支持，发布出去，可以自己顶自己的帖子，或者是找一些朋友顶帖，或者你们团队的人多，一起商量着把帖子顶上去。把别人带进来，通过这种方式跟别人建立信任感，建立信任感以后下一步再去谈产品，效果相对而言就会好一点。如果我们要招一些学生兼职的，跟学生打交道的话，就多谈论一些跟兼职相关的话题。

告诉大家一个大家都知道的利用妈妈论坛最成功的微商案例：三个爸爸儿童净化器，他们几位在此类论坛上"卧底"一个月做调查，掌握了大量一手的儿童净化器痛点，然后，基于这些痛点制定了引爆朋友圈的净化器产品。

手机上也可以下载一个妈妈圈软件，电脑版的也有，去一个人气最旺的论坛打广告，一定要在妈妈圈人气最高的时候发这个帖，在这个时间段一定要把你的帖顶到几百条以上，就会有很多人看到，但是你发的这条信息具有吸引力，可以做活动，说顶到50条的时候免费赠送价值多少钱的面膜，或者是顶到100条的时候送什么神秘大礼！如果有咨询你的人，一定先加微信号，然后再回复。

2.1.15 百度产品组合拳

图2-15

目前为止，流量段最大的还是百度，所以百家自家的产品在搜索的时候，永远都是排在首页的，此时，你要学会百度文库、贴吧、经验、知道、百度等相关产品宣传技巧，哪怕是简单的技巧，注册个账户，就可以开始了。A. 可以将产品说明书或使用手册发到百度文库中；B. 百度贴吧可以想办法搞定吧主，其他操作方法跟论坛类似，建议多看阅读率高、回复数量多的帖子是怎么写的，类似的渠道有豆瓣网；C. 百度知道方法太多人用了，因为它的流量巨大，至少还是效果不错，经常去回答别人的问题即可；D. 网盘宣传技巧，整理一些PDF、PPT等电子书，在上传文件中，点分享，创建公开链接，这样百度就会收录这个文件，一样是长尾理论，文件名含关键词。

大家要善于举一反三，总结出适合自己的方法，如果你对这些不是很懂，没关系，先从最简单的开始，注册百度账号，去回答别人的问题，有空的时候按照百度新手的任务，一步一步去做，不要想着一口吃个胖子，每天进步一点点，只要坚持下去就是非常可怕的，当然有些朋友想走捷径的话，也可以到淘宝上买个等级比较高的账号即可，这样会大大提高你回答问题、创建问题被百度通过的成功率，当然前提是你得会用，所以基础性的功课还是要做的，想必很多主动加我微信的朋友，有一部分就是通过百度产品文库上找到我的吧。

2.1.16 微信公众号巧命名

微信有个好处，就是每个人都可以申请任何名字的个人微信公众平台，而且不需要提供任何证明材料，只要一个身份证就可以，而且一个身份证可以申请5个个人订阅号，身份证你可以用亲戚的、朋友的。只要不侵权，你可以申请一些以明星的，或者是当下话题人物的名字为微信公众平台的名称，然后统一把自动推送的留言设置成你想引流的那个微信号，虽然现在的个人号不能认证，但是如果你申请的明星名人公众号有几十个之巨，凡是有在微信上搜索这些名字的，你被展露的机会还是非常大的，而且搜索这些明星名人微信公众号的，以90后、00后居多，他们恰恰又是最爱玩手机的群体，活跃度是非常高的。话又说过来，如果你申请的明星名人微信公众号足够多，多到能够全覆盖，告诉你，下面书的内容你可以不看了，直接开个广告公司就行了，因为不管别人搜索什么，基本都可以看到你的平台，只要被人关注，你就可以把自动回复的内容做成广告位，获得相当丰厚的广告收入了。

2.1.17 让快递员帮忙打通片区O2O

图2-16

大家可以印一些宣传的单子，在上面印上自己的微信号，然后可以和当地的快递商量一下，比如说在送货和收货时帮你发一下，实在不行的话，可以送他一些不是太贵的产品，送给他们的女朋友或者老婆用用，和他们打好关系，让他们帮你发一些宣传单。因为快递每天收货送货，每天会接触不同的人群，这些人都是非常非常喜欢购物的，你可以让快递给他们送货的时候顺便拿给客户一张你的名片，让他们加你的微信号，这样你就抓到了这部分人。这种方法也适合地区代理试的，这个片区就是你的市场！跟快递搞好关系这个市场很庞大的！

同理，你还可以利用送外卖的、送煤气的等等，只要是送货上门的蜀黍们，大家都可以跟他们做"合伙人"，你想想，他们送个快件得5毛钱、1块钱，多加个东西又不费力气，还能多赚点钱，何乐而不为呢？我有一个做面膜的微商朋友，找到一个经常给写字楼送外卖的师傅，然后与他商量，送外卖的时候，如果是女士订餐，就赠送她一张我们的面膜，并要求她扫描微信二维码。第一天测试，送出去面膜两百多张，就有100多人加她，而且都是精准的粉丝。测试有效后，然后他就继续复制，后来又与写字楼附近的快餐店合作，一个月时间，他就积累了5万的粉丝。当然这位微商朋友允诺送餐师傅的是报销他每月电话费、交通费。

2.1.18 实用小技巧

图2-17

这个招数，有点损，但是往往损招都是最管用的招数，小透露一下，现在很火的一个杀毒软件就是利用了类似的原理起家的。在手机上开10个微信客户端，分别用不同的美女头像、好听的名字注册好，然后在个性签名那里，你可以统一成一句话，新年目标，真心找个人嫁了！或者写成真心交友的哥哥加我微信号745668123，里面有我照片。或者干脆把头像换成大波妹、性感妹子，再说两句挑逗的话，然后把附近的人全部打开，记得过半个小时、一个小时刷新一下，大把好色的男人加你，同样道理适用于陌陌。

当然，你如果会用微信模拟地理位置，可把每个微信号设定到不同的人流量较大的区域，放大被搜索到的面积。不知道什么是模拟地理位置的朋友可以找我，我为你解答，请加我个人微信号745668123。

2.1.19 QQ批量导入，小号助推大号

图2-18

实施步骤如下：

1. 申请好几个QQ小号，开通QQ空间、邮箱、微博、并开通微信号。

2. 通过群查找，搜索自己目标人群的QQ群。比如做佛牌产品的，可以搜索与配饰相关的群。然后加入，每个小号尽量多加群。备注：要群主通过，需要自己的QQ设置得专业一些，为了增加信任和加群通过率，可以在自己的空间和微博发布相关的日记和微博等。

3. 小号加入一定QQ群后，时不时与群里面的人打打招呼，沟通沟通。查看一下是否有自己的目标客户。注意不要在群里面直接发广告，否则会很容易被踢。

4. 把QQ群里面的目标好友，批量导入到QQ上面。具体方法：打开QQ空间，点击"我的主页"，然后在网页右上角，找到"齿轮状"的图标，在下拉菜单中选择：好友管理。

5. 点击导入联系人。选择QQ群好友导入，在QQ群中选中需要导入好友的头像，一次最多可以导入50个，选择好友头像后，点击"加为好友"输入验证码即可

完成添加

6. 登录微信，然后打开通讯录，在QQ好友中添加微信好友。加上好友后下面就是如何来推广公众号，可以在自己的朋友圈发布相关资讯，也可以建立多人群来交流。具体细节不再详细说明。

7. 此方法操作起来比较烦琐，经过测试后，其获得的粉丝还是比较精准的。还可以结合微博、朋友圈好友批量导入。

2.1.20 在不同的群采取不同的说话态度

请看以下微信群聊天信息截图：

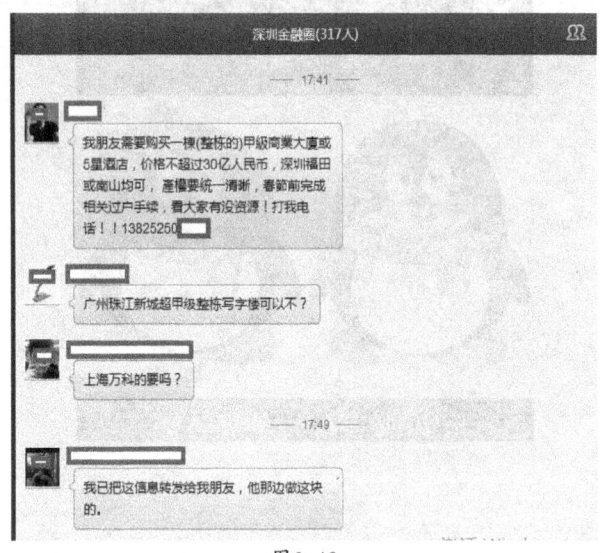

图 2-19

懂了么？不同的群要有不同的腔调，在金融的群里，你要装你认识多么牛逼的财阀，在人脉资源的群里你装今天又和北京哪位领导小聚畅怀往日友情，并把照片晒出来，永远都会有人关注你，并帮你宣传的，因为万一成了，这就是个巨大获益，人们总是渴望一夜暴富，而且坚定相信这个馅饼一定会砸到自己头上。

2.1.21 淘宝店铺动态引导

在店铺首页、侧边栏、详情页底部等位置加上微信文字推广位。客户回访阶段：通过旺旺回访客户时，除了做品牌、服务调查以外，也可以邀请客户关注微信。上新剧透、预告、预览活动改到微信上进行。在爆款页面放置微信文字推广信息，做"加粉有礼"的活动。利用活动：双11预热过程中，我们在完成各渠道的优惠券发放，对于未能领到优惠券的客户，引导客户关注微信，通过微信自助领券。帮派推广：如前期帮派粉丝有一定积累，可在帮派以置顶公告的形式推荐粉丝关注微信。

图2-20

客服推荐微信：在客户完成付款后或者是老客户回购时，可以让客服以快捷短语的形式推荐客户关注微信。老客户信息登记表：在引导客户做信息登记的时候，在登记公告处也可以加上微信推荐。常规上新券可转到微信上发布，客户在微信回复"券"，即可获得最新的优惠券领取链接。

2.1.22 论坛群发器

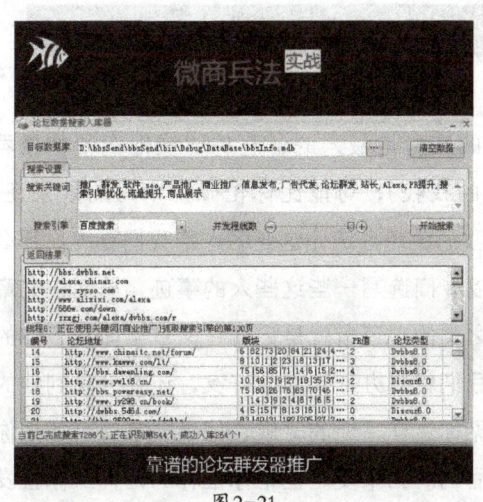

图2-21

它是一个高效SEO外链工具，专门用来推广站点和产品及微信号等，利用强大的软件，你可以在三两天左右的时间使自己推广的产品和含有你微信号的文章被百度和google收录，而且这种收录稳定、不掉，对于中等类型关键词，排名就能够迅速升到百度第一页。利用软件来做事情是网络推手和站长所梦寐以求的，你可以先去群发软件论坛看一看，有些有试用的版本，你可以试一下，觉得能起到事半功倍的效果的话，花点钱买套稳定的系统还是值得的，再说，你不仅可以用它来吸粉，推广你的微信号，也可以推广你现在做的产品啊。

当然你要找到靠谱的论坛群发器。哪个靠谱呢？找前面的传渔老师，他天天研究这个。

2.1.23 借用名人自媒体大号

微博	粉丝	转发价格
微博搞笑排行榜	71万	500元
歪小点创意工作室	35万	400元
微博经典语录	32万	350元
全球街拍	32万	350元
Pandora 占星小巫	20万	250元

借用名人自媒体大号

图 2-22

大家都知道名人的威力是最大的，有的时候他们帮你推荐一下，比如雕爷、薛蛮子（要他们微信的找我），可能比你忙碌两个月的效果还要好。所以加微信745668123找原创，我们要想办法让这些名人帮我们宣传。那么怎么样才能让他帮我们做宣传呢？你可以专门选写一些这些人的事迹，总之在文章里面尽量多写一些他的好、他如何威武之类的。还有就是记得在文章里面写下你的微信。写完之后投稿到各大网站。然后我们就想办法加他为好友，还要分享到他的朋友圈里面。人都是好面子的，当他看见你这样写他的时候，他是非常有可能把你的文章推荐到自己的圈子和他的博客里面的。如果要是他帮你推荐的话，那你就发达了。我们尽量找一些做博客方面的名人，因为他们都有发博客的习惯。名人推荐和自己推荐的效果是不同的，说不定你也变得有名了。反正多写几个，这个不行就再找别人，不行再换，再不行的话，那你就得花点钱了，推荐大家一个平台微博易，类似博客、微信等大号的广告中介平台，上面资源多的是，但是靠不靠谱，需要你自己斟酌了，成年人都懂！

2.1.24 利用热门事件

图 2-23

过年时，最缺的是什么？回家的票，制作一个帮大家一起团购车票的信息，公益性质地在朋友圈很好传播一下，而且大多车站都欢迎团队购票，并开通了绿色通道，既多交了朋友，还增加了粉丝，而且这些都是你的铁杆哦，粘合性很强，别怕麻烦，别怕出力，会有回报的，大不了阿弥陀佛做慈善了。

2.1.25 多部手机，多个位置，打开附近的人吸粉

图 2-24

现在的智能手机很便宜，有充话费送的，还有很多国产机一两百元一部的，多搞几部，找几个在车站、机场工作或者学校等人员集中的地方上班的朋友，每人放一部在那里，也不用管，头像用美女的，签名挑逗性一点，把微信附近的人开着，

就等着人来加你吧，不过手机没电的时候得让你朋友帮忙充充电。

不需要装SIM卡，能用Wi-Fi就行，每个手机装一个小号，小号的签名不要商业化，要生活化，比如说，2015年找个好男人就嫁了吧；比如说，我最怕黑夜，因为我害怕孤独。比如说，谁又懂分手后的痛，等等让人浮想联翩的生活化语言，每个小号，你要适当发几篇朋友圈，去网上找女孩子的生活照，每天固定花几分钟把所有的小号发一遍，当然要穿插你的产品，他们对你感兴趣才加你，同样对你的工作也很感兴趣。这个推广的方法适合情趣用品、保健品、社交App之类产品。

有朋友要问了，用虚拟定位软件和多开不行么？行，当然行啦，但是你首先要确定的是能找到稳定的软件，并学会使用它。

2.1.26 微信达人认证

图2-25

俗称加V，加V方法一方面通过自己PS、photoshop、可牛、推荐美图秀秀批量处理，可以一次性几百个加。每一位年轻的群体都对新鲜事物比较感兴趣，加V不能盲目加。要选择好精准人群来加，头像时尚的年轻男女是我们优先选择的加V对象。要把加V方法发挥到极致化，有以下几种方法：

1. 选择好帅哥美女，加好V之后，发送一段话。让其在其的朋友圈转发，然后要和对方聊天交流，例：刚才细看了下你头像，是个美女（帅哥）啊，我觉得如果你参加我们最美顾客评选的话肯定能选上，送多大的神秘礼物，诱惑大一点？这个谈资就来了。或者夸他皮肤好，用什么护肤品的，只要来加V的尽量把他往护肤保养的话题上聊，侧面推出我们的产品。

2. 人脉资源比较广的人群，帮其加好V之后要求其拉你到他的微信群，一般像人脉资源好的人群手头都有很多微信群。当你进了他们的群之后，你就让自己成为群里的红人，这个时候整个群的人都会来加你。模式都可以复制。利是精准客户与代理比较多，弊是比较费时。

有朋友说了，加V这么低俗的东西，谁还鸟你？我告诉你，加V是为了引起别人的关注，让人对你有印象，你的目的不是说服那些自认清高的人，这些人认为他们什么都懂，是业内专家，你想想你说服他买你的货容易吗？诸如此类人，果断放弃，不要浪费时间，想想当下一个很火而且赚钱赚到不可思议的行业是什么？女主播，随便化个妆，吼两嗓子就能赚钱。

2.1.27 红包群推广

图 2-26

先在你的朋友圈发一条微信，想要进红包群的找我。当群建好之后拉人，选择你微信里面平时不大联系或者是做其他产品的微商进群，然后在群里公告，群人数达100人后开始发红包。这个时候已经在群里的朋友就会拉他们的好友进群了。然后群人数满100之后，就继续发公告：各位只要是我好友，转发我的名片截图给我，就可以得到定向红包。这个时候群里不是好友的人就全部来加你了。而且还帮你转发了名片在他们的朋友圈，就有源源不断的人来加你了。模式都可以复制。利：精准客户与代理比较多。弊：花点小钱，哈哈，红包金额都不用太大，群发红包10元发50份，或者定向红包一人几毛几分都可以。参加的人大部分都只是图个好玩，不是真的为了钱而来。也可以不花钱进别人的红包群加人。关于红包群加人方法：有些人等不及，等不到100就退了。那可以只要有30个以上的人，就可以先发点小红包，然后加微信745668123找原创把自己的截图和介绍发里面，让他们发朋友圈后截图给我，给他定向红包。只要来一批新人，就必须发一次。而且里面要弄几个自己的人搞搞气氛，最好弄一个朋友专门帮你发名片。我们主要的目的是让他们截图到朋友圈。所以一定要提：截图有定向红包。所以建议群名片就叫"截图转发有定向红包"。

2.1.28 朋友圈好友推荐

图2-27

这个方法不错，我举个例子，例如推荐好友某某某，把自己写得高大上一点，然后让朋友转发，如果是优质的朋友帮你转发，这个好友数量也是源源不断来的，当然陌生人或者不熟悉的朋友，你可以给他们发个私包嘛，好多自己炒作的大咖们，就很善于利用这个方法，大量让好友转发推荐他的朋友圈图文，给看到这条朋友圈信息的人一个印象，哇噻，这么多人都推荐，肯定很厉害，吸粉推广一键搞定，而且效果非常好，这完全是利用人们好奇的心理，越是高攀不上，越是疯狂追求。

使用这个方法的朋友，建议找个会作图的高手和文采好的朋友，帮忙制作几张高水平的图片和段子，让人转发的时候有个小技巧，比如在发图片的时候，在评论前面让转发者加上：今天终于见到梦寐以求的某某老师、某某牛人啦，或者直接在姓名前加上好朋友某某，这样会达到更好的效果。

我给大家举个例子，是我微信好友的朋友应该看到过，下面就是我编辑的这段附在我写的《万达工作法纪要》上的评论：

"花一个星期写的《万达工作法》纪要，希望对你有所帮助，好朋友渔夫就是因为这个文章被万达文化部约谈了……

"原书已被4000000人点赞，方便也帮我分享下，帮到更多的人！"

2.1.29 高薪招聘推广

图2-28

在自己的微信朋友圈发表一个招聘启事，大概意思如下：由于最近我的微信营销生意越做越大，基本忙得连吃饭的时间都没有了，现在真诚招聘3位助理，待遇如下，月薪5000元起+每月业绩分红，在家SOHO工作即可，不用来我的城市，学历不限，要求精通微信。热爱自由的工作状态，每天拿出8个小时帮助我工作即可，工作性质就是盯着手机微信看订单即可。希望万能的微信好友一定帮我转发到你的微信745668123找原创圈，如果你能帮我推荐合适的人我一定感谢你10盒面膜。内容大概就是这样，详细的大家可以自由发挥。记住最后有一句话"希望万能的微信好友一定帮我转发到你的微信圈，如果你能帮我推荐合适的人我一定感谢你10盒面膜"这句话非常关键，将会决定你的微信好友是否帮你转发。然后记住，这条信息有两个作用：第一个，你的朋友会被你击倒的，刚才我一个学生发了这条微信不到10分钟接到三个电话，纷纷问，哥们儿，现在干什么混得这么大；第二个，很多你的朋友会帮你转发，很多屌丝都有虚荣心，帮你转发到自己的群里面显示自己也认识这么土豪的朋友。

2.1.30 全时营销

图 2-29

你肯定听说过，全民创业、人人微商此类的口号，那什么是全时营销呢？就是无论你在干吗，除了睡觉，无时无刻不在营销和推广。下面这个就是真实的案例。

上面提到的那位七七妈妈，他们小区3家美容店全部被她发展成了经销商，美容店一个月赚1万多，卖面膜那些老板一个月都三四万，还有一家美发店老板不会用微信也被她利用起来了。给你们讲一下是怎么做的，那个老板不会用微信，她教他一招，每个来理发的顾客是不是都会和老板聊天，边做头发边聊天？然后他就故意问客户，哎，你知道微信营销不，我们小区有个做微信营销的一个月通过微信赚了几十万，然后那个顾客肯定就缠着要对方的微信号了，这个时候老板就说我不能给你微信，得问问人家可以不可以加才行，欲擒故纵，然后那个顾客就求着他一定要介绍给自己认识，然后她给那个老板一盒面膜提成20块钱，一个月帮他多赚好几千。

你也可以这样理解，全时营销的意思就是勤奋，好的产品加上好的推广技巧加上勤劳能干，你不成功的话，只能怪老天爷了。

2.1.31 复制的力量

图2-30

复制我写的本书部分内容到你的朋友圈,或者用公众号选取部分内容复制一下,一定要部分内容,做个标题,想要其他内容的请帮我分享到朋友圈,已经有人拿我之前公布的部分加人方法卖钱了,我想让他们分享到朋友圈换其他内容应该问题不大吧。我是不是太实在了?净说大白话。

另外,在这里我再多透露点干货,懂SEO、做过微信公众平台内容的朋友都知道原创的很难,有时费九牛二虎之力做出来的文章,传播又不行,所以这点对于新手来说相当困惑。好,我告诉你该怎么做,利用翻墙软件,到港澳台或者国外的门户站上去抄,你看哪篇文章置顶或者阅读人数评论人数多,你就复制哪篇文章,当然,政治导向有问题的别碰,然后用繁体转简体的软件转化成简体文。

2.1.32 垂直、分类信息网站推广

图2-31

去一些58、赶集、百姓、威客、猪八戒、招聘、阿里巴巴等各大网站发信息,

这些都是免费的，还好用，在上面留言说我想租房子、买房子、找项目、买产品等信息，留下微信号，一天最少有几十号人加你好友，但千万不要留真实的手机号码，要不然你得被他们电话烦死，现在大家都流行用微信交流了，你可以说因为上班老板管得严不方便接电话等，可以直接发信息到我的微信上，等我联系你什么的。

另外，我提醒大家如果做婚庆、礼品之类的产品，一定要利用好一直都很火的一类垂直信息网站：婚庆网，像珍爱网、世纪佳缘等都是免费的注册发布信息的。你会不会觉得我很变态啊，人家找爱人的地方，被我拿来做营销推广，是的，营销就要变态，不择手段，全网时代，要无孔不入，有人的地方就该有广告，有广告的地方就应该出现你的产品。写到这里，心情有点激动，因为推广引流是很费脑细胞的事情，此时看看表已经凌晨2点整了。

2.1.33 微信手游推广

图2-32

利用腾讯系列的手机游戏来寻找附近的人，丢纸条加好友。适合的游戏包括"全民打飞机""天天爱消除""节奏大师"等，其余游戏大家可以自行测试。加好友的方法很简单，下载以上游戏到手机里安装好，你先用自己的个人微信号登录然后点附近的人，就可以看到附近的其他玩家了。这时你可以给他们丢纸条，附上一句话，比如加个微信号745668123吧，一起玩打飞机，发送过去对方就可以收到了。重点是纸条的发送数量是不限制的，但是一般你最多能收到别人发给你的50个纸条。所以，这种加好友的方式比起微信直接打招呼加好友的方式限制少得多。

另外，我们刚刚说到的是利用游戏附近的人来找到玩家，添加为好友的，那么同样的，我们就可以利用"微信定位修改器"App来修改手机的地理位置，从而使得附近的人范围扩大到全国，能够加更多的玩家为微信好友了。(备注：微信定位修改器App目前适用于安卓手机，苹果手机也有相应的修改手机地理位置的软件，大家可自行百度查询。)

2.1.34 流动人群、附着物料推广

图2-33

学会利用摩的、优步推广。

地铁、公交车上的商家二维码广告，你可能很少主动去扫描，这是因为被动性地让粉丝扫描二维码，是没有刺激、没有主观引导的行为。下面我说到的这个方法，可以起到很强的引导性，"逼"着用户去关注，效率高，而且费用要比在地铁、公交上少很多。在广州、深圳坐过地铁的朋友应该都注意到过一个现象，地铁的各个出站口几乎被拉客的摩托车、电动车给堵了个水泄不通，我们开车的朋友也经常会被电动车抢道，所以拉客的摩的师傅经常是"见缝插针""无孔不入"。还有一个很有意思的现象，不知道大家有没有研究过，一般坐电动车的女性群体较多，而且这其中有很多侧身坐车的女孩子打扮得花枝招展，浓妆艳抹。你猜对了，喜欢坐电动车的女性乘客中，在娱乐场所工作的占了不少的比例，所以，假如你是做美妆、衣服、片区O2O项目微商的话，这个群体不妨考虑一下。

这里我先举个例子，大家在某些城市，应该有注意到清洁工穿的衣服是来自诸如一些地产商、物业公司的赞助，背后印上名称，为其公司做宣传，清洁工与受众之间没有任何交流互动，起到的作用也就是移动的户外广告而已，假如把这件衣服印上二维码，并且让摩的司机穿上的话，效果就绝不可同"衣"而语了，首先这帮人到处"乱窜"，宣传效果好；另外他们可以和乘客有个交流互动，说两句好听的话，让乘客扫描背后的二维码，应该不是问题吧，再加上扫描二维码有礼品赠送，成功率肯定很高。另外，你可以和摩的师傅说好，通过他的推荐扫描二维码关注成功一个给5毛1块的，他们肯定高兴死啦，至于衣服哪里找，上阿里巴巴批发，便宜

的几块钱一件，买几百件就可以布局整个片区的市场了，性价比算是相当高了，摩的师傅也会感谢你的，人家本来赚钱挺辛苦的嘛。同理，你可以利用专车司机，在专车上放二维码，尤其是优步司机，因为用优步的司机和坐优步的乘客，相对素质都比较高，而且优步不断地制造诸如地球人已经挡不住优步扩张的宣传话题，各种在车上发生的司机与乘客美好的故事，这个群体的利用潜力巨大。

建议大家看到这里的时候，不要继续往下看了，深思一下，找到一个和你产品切合的点，运用好上面提到的此类方法，会对你的推广有很大的帮助。

2.1.35　微信营销软件自动化推广

图 2-33

科技时代，人手是永远都跟不上自动化软件的，一款高效的移动互联网广告营销软件，必须具备精准、真实、安全、模拟人手操作、无封号风险、一键营销等特点，所以当你发现有此类软件时，马上拿来推广自己的产品，当然这个是要投入一点费用的，目前这些软件很便宜，因为做的人多，竞争激烈，有单独的软件，也有机软一体的设备，大家可以根据个人的喜欢和实际情况选择购买。那去哪里买呢？答案不是百度，而是淘宝，去淘宝一搜关键字就出来了。为什么不去百度？我告诉大家，因为一般上了百度首页的基本都是花钱做了推广的，也就是说你买他的软件的时候，也为广告费买了单。

一般的微信营销软件大致都有以下一些功能，大家可以选择自己用得比较顺的来用，坚持用。

1. 自动推广个人微信、互推
2. 精准定位，基于地理位置自动加人拓客功能
3. 朋友圈自动点赞+评论功能
4. 批量导入电话号码自动加成微信好友功能
5. 自动对多个群推广信息功能
6. 自动好友逐条推广群功能
7. 自动通过新的好友请求功能
8. 自动最近聊天好友逐条群发消息功能
9. 自动添加群内成员为好友功能
10. 自动匹配关键字回复功能
11. 自动推广公众名片功能
12. 自定推广链接、公众平台文章功能
13. 自动对公众账号群发消息、链接功能

相信很多朋友都了解过此类软件，看上去很是高大上，功能齐全，好像有一套软件在手，营销无忧，理论上是对的，但是现实中，由于软件自身稳定性、个人操作性、产品、行业的不同等因素，会大大影响到推广软件的使用效果，如果实在看不懂或者被市面上各种软件介绍搞头晕的，请找我们上面提到的传渔老师，他本身对软件颇有研究，而且处在营销技术第一线，热心的传渔老师会帮你解答的。

2.1.36 傻子一样坚持，并不断地重复

图2-33 力克胡哲

多动脑，多跑腿，多尝试，反复琢磨以上每一种方法，制定一套适合自己和产品的方法，用到极致，我永远相信，傻傻的坚持比聪明绝顶更可怕。

亲爱的读者朋友，如果你是因为看了这本书并从中学以致用，对你的工作、事业有所帮助，那将是最美好的事情，本书的作者也会因此感到莫大的荣幸，也建议你把此书推荐给身边的朋友，能帮到更多处在成长期的小伙伴们，是作者最真挚的初衷，同时，如你有兴趣做本书的合伙人，销售本书获取收益，请扫描封面或封底的二维码。

2.2 垂直社群

精准营销，花最少的钱，做最大的事，利用垂直微信社群做微商垂直微信社群是企业今后的流量主入口（附PPT）。

图 2-36

我从事互联网八年，做微信有近三年，从一开始的SEO到YY到微博，再到现在的微信，经历了八年时间，今天的分享主题垂直微信社群是我自己亲身经历所总结出来的实践经验，对产品和企业推广会有很大帮助，因为目前是得社群者得粉丝，得粉丝者得天下。

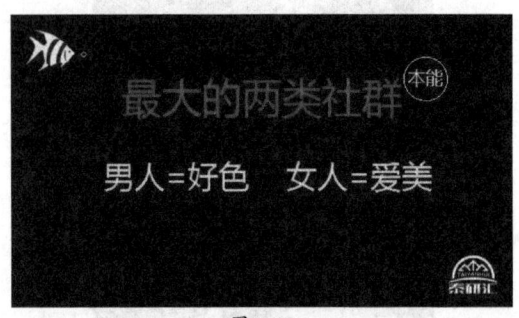

图 2-37

体会到有很多对微信社群不是很了解的朋友，我做了一个很简单的图片，告诉大家什么叫社群，男人和女人是世界上最大的两类社群，男人基于好色成群，女人基于爱美成圈，所以社群是基于某种爱好和兴趣，不管是线上还是线下所组成的团体、组织或社会性群体叫社群，不要把社群想得太玄乎了，很早就有了社群，只是有了微信以后，社群概念被炒热了。

图 2-38

我给大家看看，芬尼宗毅先生，赚了些钱给自己公司买了二十部特斯拉，当他去北京提第一部特斯拉时，他发现不能从北京开到广州，因为他公司在广州，所以他基于个人痛点，做了一条贯穿南北的特斯拉充电之路，那么基于他个人痛点和粉丝对他的崇拜，组成了他个人的圈子，这就是社群，基于他个人的社群的凝聚力产生的社群经济。

其实可以看到我们每个个人都是垂直社群，因为基于我们的社交、我们的关系，组成了我们的朋友圈，这就可以称之为特定需求特定市场细分的关系链。基于个人这块，我们可以清楚发现，在我们的朋友圈打广告，去推销产品或者晒我们的自拍照，我们会产生某种凝聚力，这些人会给你点赞，这个时候对于你个人就是垂直社群，垂直社群在线下由发起人组织的某些团队，我们可以看到某些自行车爱好者在周末时会组团骑行，这个时候他们就称之为线下社群。

有个公司利用线上社群做得非常好，叫青橙手机，是做户外垂直社群的细分市场，利用垂直市场的细分，把自己手机定位为户外群体，产生自己的凝聚力，会大大增加粉丝对于他产品的黏性。包括在公园经常看到的英语角，我在十年前自己组织英语角时，那时就已经做了社群，只不过现在才知道那个英语角就叫社群，在线上我们把这种社群极致化了，我们通过社交媒介，通过YY、百度贴吧、天涯论坛、陌陌、QQ等线上工具形成的社群，我们称之为线上社群。

现在最大的社群就是微信，我们今天讲的就是微信，社群无处不在，但是对于营销和引流来讲，我们商家所要的是高效、直接、最快，微信在这个时候是我们主要的一种社群引流渠道，我们并不是说其他不重要，只是说微信目前最大。

那怎么能利用微信做好我们的引流文章，是今天所讲的重点。

考虑到有些朋友还不是研究微信领域的，我今天做了一个大概的2015年微信数据分析报告，发给大家看看。分析这些数据有助于你的产品定位，找到最合适最精准的粉丝群体去推广产品，去做引流。

图 2-39

只要是想要在微信里面做推广，这份表格非常重要，减少你的时间成本、推广成本，最高效地把粉丝流量充分利用。

顺便插点公众号干货，大家看最后数据，微信的生活消费习惯数据，其中公众号占比是20%，20%公众号占比中有两块占最大，一是自媒体，另外是企业公众号，不管现在公众号地位如何降低，如何被大家唾弃，公众号的商业价值还是有非常大的挖掘潜力的。

图 2-40

我们讲互联网时代，马云是个奇迹，王健林才是企业家，怎么理解这句话？马云之所以把淘宝做成功，是踩着互联网的浪潮，他第一个吃螃蟹，而王健林靠管理，靠军式制度把企业做到中国第一。马云刚上市他是中国首富，但接下来万达的上市瞬间让王健林超过马云，一个制度永远会比一个创新、比一个模式走得长久，所以很多人讲我们今天的模式是很创新的,但是明天可能就会落后,所以你现在要掌握的是一种方法,就是你如何利用垂直社群,做一个适合自己(不管你是做虚拟产品还是做实体的都行)的制度,你要把这种东西做成自己的推广制度,为你自己所用,不要被创新的模式冲昏头脑,模式永远是在更新迭代的,你今天所学的,可能明天就有点用不上了,所以我不鼓励大家去创新,而应去寻找到自己的方式、自己的制度。

图 2-41

我们看第四张图,他讲到的是企业如何利用自己的社群去推广,很多人都说我是企业主,我有产品,我的产品特别好,但是我没有自己的社群,你要知道你所建的社群是要达到什么目的,你所推的产品迎合了哪类市场和人群,没有垂直社群不重要,重要的是你怎么找到你的细分市场,建立适合自己企业推广的社群,这其中就有一点企业社群因利益聚合。

我重点讲下企业社群推广的方式。大家知道自媒体的推广现在非常火爆,自媒体就是微博啊,公众号啊,包括陌陌的个人大号,类似于这类自媒体的推广,很多人已经开始重视,有家企业找到我说现在自媒体的推广有点像烫手的山芋,好吃烧嘴不知如何下口,花一块钱不知值不值?甚至有些人想在自媒体花一块钱达到十块钱一百块钱的效果。

我今天给大家讲一个例子,如何利用企业的垂直社群去推广自己的产品?有一个做车类用品的厂家,他一开始是找到自媒体,但是自媒体没有解决他的痛点,因为很多自媒体是虚的,很多粉丝是掺水的,这个大家都知道,他不知道如何将钱花在刀刃上,尤其是现在很多实体经济萎靡不振的时候,很多商家店铺寸步难行的,如何推广、如何做广告,这是商家企业主最关心的。

这位商家一开始在自媒体上的花费是四万多块钱,给他带来了一些流量,具体没讲,综合讲可能是性价比不高,第一可能跟他的产品有关,第二是他选的公众号的精准度黏性不高。他所要达到的目的是什么呢?精准、黏合、对抗,其实这块社群就可以帮他很大忙,我们讲企业社群因利益聚合,我们可以根据他这块特定产品来组建特定的社群,或者到另有社群的组织里去推广。

这种垂直型的社群，比如汽车爱好者的垂直社群，首先在企业内社群里面，要么自己是车主，要么是很疼爱老婆，把自己的写成自己老婆的名字，老婆是车主，或者他想买车，基于这种需求，因兴趣和爱好聚合在社群里。

那么当这个时候，我们的企业抓住客户的需求和痛点，通过利益分享的模式推广自己的产品是一种最高效的手段。我们讲的利益有些什么呢？最普遍的是优惠，打折啊，买一送一啊，要根据痛点来，现在的粉丝胃口很大的，你要满足粉丝胃口是一件很难的事情，一个字钱，二个字利益，你要让受众、你的粉丝群体因买了你的东西而沾沾自喜，或者他有一种荣誉感，这个时候你的产品社群就是非常高的。你怎么去定位？你要对现有的社群进分行析，你要把你的产品在社群里进行分享或者调查，再根据这些调查总结出来的痛点再用到你的产品上去解决用户粉丝的需求。个人社群因关系社交，个人社群不用讲了，大家身边都有案例，微商。2012年底，2013年初微商的爆发就是利用个人社群属性而爆发的，通过杀熟，通过强关系，把产品推广出去卖给朋友，这就是个人社群的魅力。现在泛滥了，造成现在微商的一种片面化和狭义性，给大家带来困惑，这都是社群在自然发展中所经历的一些变革。很多企业讲自己都有社群，其实说白点，我们今天讲的社群就是微信群，我们每个人都有自己的群，不管是同学、朋友，还是线下交流，还是基于某种兴趣爱好时，当你的社群不具备社群经济时，它是不具备黏性不具备推广活跃度的，当你的社群建立时，价值肯定是有的，只是大小不同而已。当你没有社群时，你要想建立，如何去分析社群的黏性，是你首先要做的工作。现在很多媒介，引流的渠道，不管是慢慢衰退也好或者成本越来越高，性价比越来越小，其所产生的某种推广价值和某种引流价值对商家来讲都是非常痛苦的，现在没有钱做淘宝天猫都非常痛苦，因为你没有钱去引流。商家想用低成本高效率的社群渠道去做引流，要分析好自己的产品定位。

我们第五幅图片，社群要靠内容和利益来捆绑。

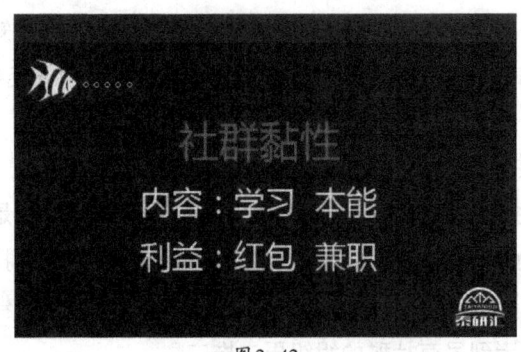

图 2-42

而我们看到，以学习内容取胜的社群，其实是个很苦逼的活，我本身不是很爱学习的人，很多人不是为了发展和自身需要，很多人都是不喜欢学习的，不然也不会在高考前临阵磨枪，不知大家有没有同种经历。在座的男性，有些基于本能需求所建立的社群，讲究内容社群，每天都会很活跃，这就是抓住了社群粉丝的痛点，抓住了每个需求者的痛点，如果你的产品做到这点，你的产品肯定是成功的。

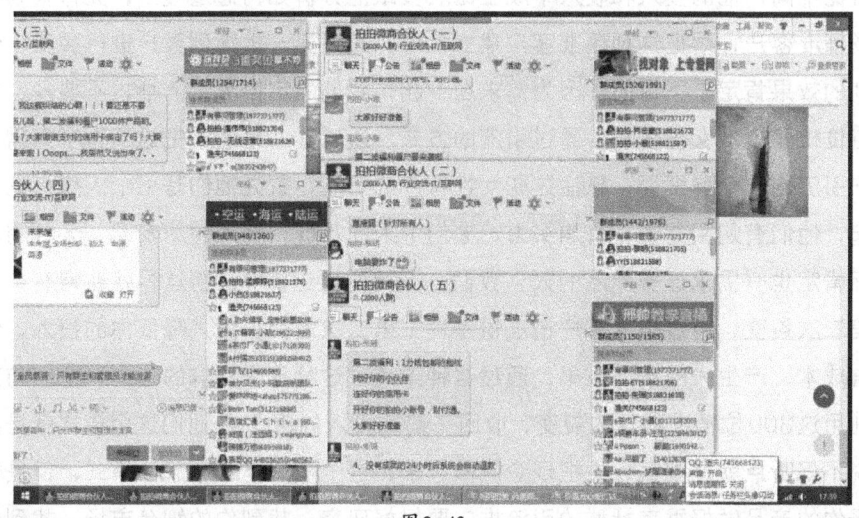

图 2-43

这个图片是拍拍万人微商合伙人招募所组成的社群，是通过QQ群形式组成的。

这个群的痛点在哪里？就是坚持，作为拍拍合伙人的一员享受拍拍产品的推广和产品分成所带来的收益，其实这种社群因利益而组成的黏性社群，大家有一些产品时也可以像他这种社群玩法来做自己的推广，有的人说自己没有拍拍和京东的号召力，他现在是一万人的团队，你不行，你可以做一百人，再不行做十人群，先做好自己的小群，再通过小群裂变发展，这就是垂直社群的黏性。

如何通过垂直社群引流推广裂变，引爆自己产品的例子，这个例子比较有代表性，比较有局限性，另外它比较高大上。上个月，有一个客户找到我们，他们对社群有所了解，包括他自己也有建立社群，苦于管理不精，也没有自己专业的团队，找到我诉苦。我出的建议是你的社群管理，包括社群建立一定要规范化、团队化，包括现在的微商都一样，现在单打独斗都不行了，都是团队，都是大手笔、大投入。这个产品很有意思，是在国医馆做的一款对中高档女性的子宫卵巢保养的保健品，都是名贵中草药，反正吃一次几千块，如果按年吃，办个卡都要几十万，这个朋友公司在杭州，是连锁企业，所以他们要求的客户群体是在杭州本地的中高端女性群体，他原先的社群是基于中医爱好养生类什么的组建社群，虽然有这种市场在，但是不精准，不细分，我们给的建议是我们通过个人渠道，不论是自媒体，还是线下渠道，还有线下引流，通过对这种细分市场，他们在考虑用社群方式推广之前，找过报社，找过电视台，找过出租车，也在美容院做过推广，效果都不好，准确讲就是性价比不高，他的投入和收入不成正比。我跟他分析如何通过线上，先行找到细分市场精准客户，再把这种精准客户建立社群，通过第一批基础客户进行裂变，你所达到的效果肯定是不错的，因为需求在一起，我们的定位非常清晰，不要多，只要三百位杭州精准女性客户，通过引流的方式，通过线上渠道，把这三百个有需求的客户引流到一个群里面，抓住这些女性客户的痛点，首先他们基于个人痛点黏合到一起，他们有购买需求，有购买力，他们个人的社群，个人的朋友圈，各种朋友的交际肯定也有需求这类产品的人，我们一开始建立这300位粉丝，就非常有条件进行第二次裂变，通过精准客户精准粉丝发生第二次裂变，大大降低你的投入，你的广告成本，产生大的推广效果，通过这种渠道，这种垂直社群的建立，他们前期就是利用这300位精准粉丝的裂变，收回了前期投入的80%，他们这个模式就是办卡，说不好听点就是圈钱，先把现金流做起来，这个模式是个新起的模式，但是如何对于你的产品做好垂直社群的引流推广要好好研究，找到你的细分市场，找到你特定需求客户的痛点。

  我刚才讲的不知大家是否能理解？包括什么叫社群，如何建立社群，有社群怎么办，没有社群怎么办，其实我们现在每个人都有社群，对于你个人社群如何去推广，我本身是个执行者，不管从理论层次还是实操方面，我都有很多经验分享给大家，至于有社群的今天暂时不分享，我讲没有社群的，垂直社群做引流的这种模式。大家知道很多媒介的成本都太高了，社群是一个低成本高成效的宣传方式，你如何去利用好，哪怕是你为你的产品建立一个黏性高的社群，都是非常有价值的，不要嫌社群小，要看这个社群有没有因某种利益或某种需求所聚合的社群，我说现实点，你的目的就是推广产品，你的目的就是为企业或者产品带来引流。

  因为我个人的经历和做互联网，包括我自己做过一些实体经济，我对很多行业、很多产品很感兴趣，走过很多地方，见过很多东西，跟很多人交流过，所以我能凌驾很多产品游刃有余，我理论方面有，最主要是实操。我从来都是实操强于理论的，在互联网时代，以产品为王的时代，你想走得更快、发展更好的话，你的落地操作都是非常重要的。

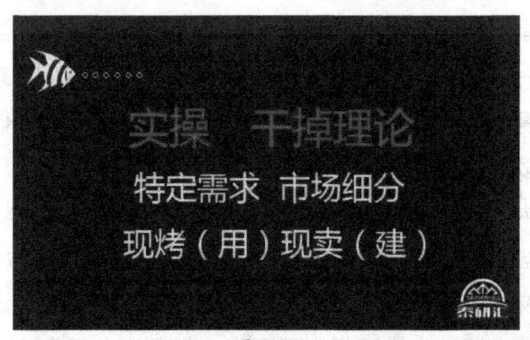

图 2-44

我不建议大家广纳百家，吸收各家所长，第一时间不等人，现在的社会竞争非常激烈，你没有那么多的时间去学习，你抓住一点，你想在垂直社群里做点事情，想把产品推广出去，你抓住你产品的细分市场，你客户的特定需求，你去现征现用都没问题，试错永远是互联网的优势之所在，因为没有什么成本，假如成功了，那就会带来很多意想不到的效果。

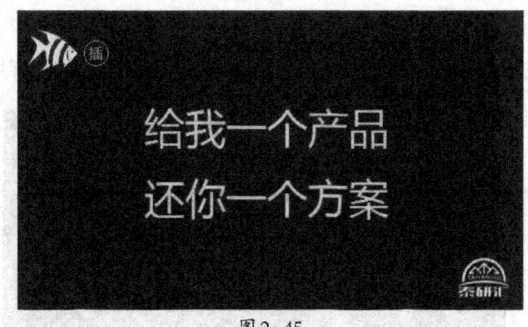

图 2-45

我们做企业要具备领导人的素质，像毛主席一样，要有霸气，要有信心，我经常讲给我一个产品，我还你一个方案，这就是来自于个人的信心，大家对自己的产品要有信心，要对推广有信心，哪怕你信心不足也值得你去学试，互联网时代，你不利用，有人利用。

说得再通俗点，你有没有把你朋友圈的价值发挥到极致？有没有把朋友的价值发挥到极致？当然，我们不是讲厚脸皮，但是我们不是说做保险和直销那种令人退避三舍的方式，你把你一百个人朋友圈做好营销都是一个非常棒的切入点。

分享下我个人朋友圈如何做黏性的经验：

如何把个人朋友圈做好的经验，是个潮流，也是我首先开创的，我在去年底，因为做微信这块满人，有些新朋友根本加不进来，我基于个人关系、个人社交，开始了朋友圈收费模式，当时加我好友的都要给我交费才能加入，我朋友圈不分享美食美景，也不分享鸡汤，我只讲运营，只讲推广干货，让大家学有收获，能让大家在我的朋友圈有一个价值的学习平台，我当时就做了这种，后来我又把收到的钱回馈给大家，我觉得我做得成功的地方，是把收来的钱花掉。不仅没有降低收入，反而给我带来了很多超价值的东西，比方说我收了那些钱后，以后我发一条重要朋友圈的时候，我请大家点赞或者转发，我给一块钱，转发我给十块，当时很土豪，后来慢慢变成五块到现在的两块，当然我不建议大家都这样去做，我也是一种尝试，你可以根据你朋友圈的属性做适合你自己发展的方式，并不是说这种模式就是最好的。因为有些朋友点赞转发也不好意思要钱，都是朋友帮个忙。我们讲价值形成这种黏性，形成垂直领域的联合，就像一些互联网大佬讲的话，得粉丝者得天下。

基于移动互联网发展的迅猛，要以月份小时来计算迭代的，其实粉丝在哪里？在社群，得社群者得粉丝，得粉丝者得天下，我说这句话的目的其实就是在提醒大家，提醒各位有企业、有自己产品的商家，一个重要性就是社群，社群重要性远大于你现在所能想到的一切，基于社群的高效传播，给我们所带来的引流的希望远远大于你所能想到的。一个半小时简单讲了一些个人所得，分享了垂直社群的新鲜东西，大家可以根据今天的分享取其所用，归纳到产品上面，如何把你的产品做推广的垂直社群，有三个案例，有建立方法，仔细考虑下还是非常有用的。

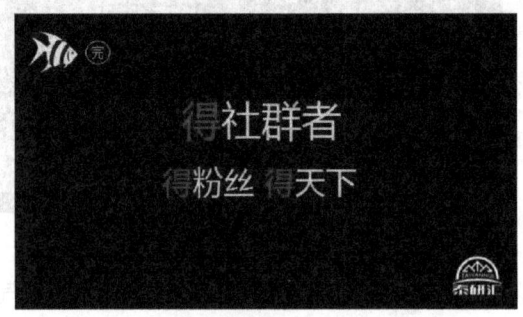

图 2-46

本文是我在 2015 年 6 月 6 日微信社群史上最大的一次百群直播分享的内容，同时在线收听人数超过 18000 人，创造了纪录，至今无人打破，扫描下面的二维码可以收听现场直播的回放。

图 2-47

第三章 微商案例

不要把时间浪费在各种浮躁的大会上,真实的案例告诉你,做微商要脚踏实地,我们花费3个月时间发动全网,从提交的几千个故事中,认真仔细并严格审核通过了下面一些真实、接地气、有正能量的故事,这里面有做得非常成功的,也有来自草根的创业者,他们或许没有取得多少成绩,或许刚刚开始,但是他们的决心和做事的方法、态度,值得广大读者朋友学习。为了保证真实,我们对提交的故事内容,没有做任何客观的修改,原汁原味地保留了原创作者的心声,当然有些朋友的写作能力不强,尽管文采不能飞扬,但是你细细读来,会从字里行间发现他们的强韧和对事业的态度。

一家洗衣店的互联网革命

文/张荣耀　微信/e袋洗

图3-1　荣昌·伊尔萨洗染连锁企业董事长张荣耀

在大部分人的眼中，洗衣店是一个特别传统的行业，不仅几乎不盈利，而且和移动互联网搭不上边。但是，就在去年7月，腾讯宣布以2000万人民币作为天使轮投资入股一家洗衣类公司，估值2亿元。4个月之后，这家公司又获得经纬和SIG共2000万美元的A轮投资，估值达到上亿美元。

为什么中国互联网的霸主BAT和精明的投资人会如此关注一个洗衣类公司？这家公司又是如何把一个洗衣店变成一个移动互联网新贵的？

图3-2　荣昌老店开张旧照

在张荣耀眼中，荣昌已经成为一家移动互联网企业，攥紧了船票，率先登上了O2O这条大船。它的转型过程就是一个传统服务类企业向互联网转型的标准教程，这个过程告诉我们，传统企业唯一的上船方式是紧紧抱住用户的大腿，让他们带你上去。

热身运动：
从设备驱动到顾客驱动

洗衣连锁行业的最大特征是设备驱动而非顾客驱动，一家洗衣店最重要的资产就是那一台价值不菲的洗衣设备。但是这个行业的盈利一直是一个大问题，因为如果做直营连锁，必须承受"重资产＋高成本＋产能浪费"，而做加盟连锁，总部又缺少对加盟商的控制手段，只能听之任之。

2000年左右，张荣耀就面临了难题。当时，荣昌的加盟费就已经达到上百万，但其中大头是卖设备的钱。卖完设备后，荣昌缺少一套配套的标准持续跟进管控加盟商，导致数次加盟商跑路事件发生。荣昌品牌名誉受损，却毫无办法。张荣耀事后常常自嘲，那时候的荣昌，更像是一家兼职卖设备的管理咨询公司，而不是一家连锁企业。

高盛曾经上门找到他谈投资，建议荣昌自建直营店。思虑再三，张荣耀还是谨慎地拒绝了，原因是这个模式太重，就算有投资，荣昌也没有这么多钱。他始终觉得，服务行业最终的落脚点应该是顾客，所有的资源都应该围绕顾客展开。光靠直营店，还是设备驱动，治标不治本。

2002年，张荣耀带着公司经营的困惑到商学院进修，前前后后花了不少时间讨论琢磨，总算找到了一条转型的路径。2004年开始，张荣耀开始带领公司进行第一次转型，建构服务质量和用户满意度评估的标准体系，并通过"一带四"的开店模式和全国通用的洗衣联网卡来实现。

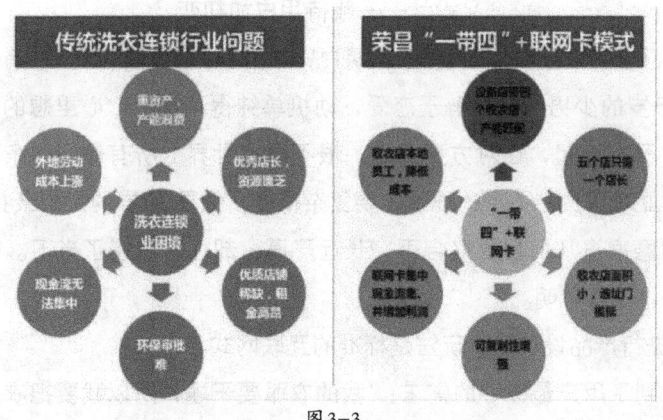

图3-3

"一带四"，就是"四店收衣一店洗"，这意味着只需原来1/5的设备和店长，但收衣点控制权在荣昌手里。同时，荣昌通过推广、配售洗衣联网卡将全国连锁店信息系统联网。两个措施下来，荣昌仍然是一家轻公司，但是对于整个连锁体系的控制力却大大增加了。

完成了第一次转型，张荣耀将荣昌改造成业内最具顾客驱动特征的企业，这与互联网用户至上的精神暗暗契合，意味着他们已经做好向互联网转型的准备。他要等的，是一个机会。

从2010年开始，移动互联网在中国逐渐开始爆发，移动设备、用户数量、应用软件的数量呈指数级上涨，张荣耀毫不犹豫地伸手抓住了这个机会。

标准步骤1：

组建团队——放手交给80后

在张荣耀心里，互联网转型意味着把洗衣服变成互联网产品，完全从互联网电商的运作逻辑去重塑洗衣服这件事，带给用户更便宜、更便捷、更好玩的服务。

张荣耀的第一个动作就是放弃现有品牌，创造了一个专营洗衣电商业务的全新品牌"e袋洗"，同时还从百度挖来了一个85后陆文勇担任CEO，把e袋洗具体的运作事务完全放手给他。他对陆文勇的唯一要求，就是用e袋洗把洗衣服这件事情彻底互联网化。

于是，2013年，这一款基于互联网逻辑设计的洗衣产品出现在大众视野中。用户通过荣昌e袋洗的微信公众号或者App下单，30分钟内会有人上门取件，只要用e洗袋提供的洗衣袋，不管里面塞下了多少件衣服，是水洗还是干洗，统一标价99元/袋，这是一套标准的O2O模式。

标准步骤2：

产品设计——我待用户如初恋

和顾客打了多年交道的张荣耀心里明白，在互联网的逻辑里，对消费者关系的理解，像是15岁的少男少女沉醉于恋爱，动机单纯得不得了，心里想的全都是怎么样让对方与自己在一起，让对方更开心，恨不得把世界上所有最好的东西都送给对方。而传统企业对消费者关系的理解，要复杂得多，像是30岁的人相亲找结婚对象，刚一见面就琢磨家资几何、性格合否、长远严谨，却往往怠慢了当下。哪一种更加可爱和受欢迎，不言自明。

e袋洗在进行产品设计时，玩法是标准的互联网式。

他们寻找到了用户最核心的需求："我的衣服要干净，所以我要把衣服洗干净"，而并非"我要洗衣服，所以要去一家洗衣店"，所有被认为对"把衣服洗干净"这件事有帮助的元素，都会被考虑在内，于是有了下面这张图：

极致的用户体验

传统线下洗衣店 —— 麻烦、贵、缺少互动与体验
- 提衣到店
- 衣物交接时间长
- 营业时间限制
- 服务质量无法控制
- 旺季完成洗涤时间长
- 价格体系复杂、昂贵
- 缺少互动性

V.S.

e袋洗 —— 省事、省钱、娱乐
- 移动下单
- 衣物交接30-50秒
- 全天候取送
- 服务全程监控
- 48小时集中洗涤
- 按袋计价，简洁便宜
- 互动、趣味性强

图 3-4

为了配合前端极简、极致的用户体验，e袋洗设计了强大的后台配套体系：

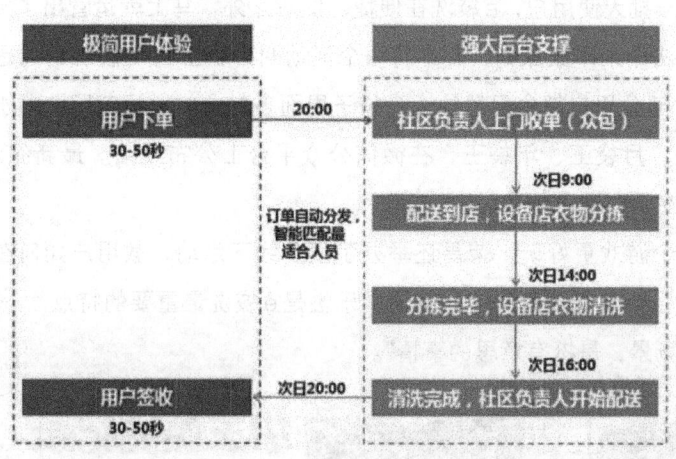

极简用户体验 | **强大后台支撑**

- 用户下单（30-50秒） —— 20:00 —— 社区负责人上门收单（众包）
- （订单自动分发，智能匹配最适合人员）
- 次日9:00 —— 配送到店，设备店衣物分拣
- 次日14:00 —— 分拣完毕，设备店衣物清洗
- 次日16:00 —— 清洗完成，社区负责人开始配送
- 用户签收（30-50秒） —— 次日20:00

图 3-5

用户关心的是洗衣服本身，而不是谁来洗、谁来送，所以 e 袋洗运作之后，张荣耀和陆文勇就把它定位为独立的平台型洗衣服务，只要符合标准，所有的环节都可以外包给所有人。

任何洗衣店都可以加入 e 袋洗的洗衣外包点；任何个人都可以加入成为取送员，要求仅仅是有智能手机，会用支付宝，交一部分保证金，以及参加操作统一培训，这个项目叫作"自由人计划"。这是最能体现e袋洗互联网精神的表征——只问价值，不问出处。

标准步骤3：

玩的营销——带着用户一起飞

团队有了，产品也设计完了，剩下的就是营销推广的任务，这一点最讲究口碑和快迭代。张荣耀向他的团队提出了一个要求——越有趣越好，而在具体的玩法上则完全没有插手的意愿，他充分信任手下的80后团队。

于是，作为CEO的陆文勇和他的团队仔细分析e袋洗的特点，确定了天使用户的特征：

● 居住于北京

● 女性

● 中高端收入

● 经常使用微信

于是，2013年11月30日，荣昌e袋洗在一个天使用户集中的场合——中欧商学院北京校园首发。

有了这第一批天使用户，e袋洗在便捷、便宜之外，马上就运营出了娱乐好玩的特点。很多玩法令人印象深刻，其中有一个活动叫"袋王"。e袋洗讲的是一袋一价99元，所以大部分用户都会尽量往一个袋子里面多加衣物。运营团队顺水推舟，从中评出周袋王、月袋王、年袋王，在微信公众平台上公布成绩。最新纪录的袋王，其塞下的衣物在平时洗衣报价为1280元。

为了让这个游戏更好玩，荣昌还举办了很多线下活动，教用户如何在袋子中装更多的衣物。张荣耀在接受采访时就说娱乐性是e袋洗最重要的特点之一，"想象一家人装衣服的场景，是挺有意思的事情"。

图3-6

除此之外，几乎所有热议话题，e袋洗都不吝于凑上一回热闹，与顾客开展互动。在韩剧《来自星星的你》热播时，每位下单的用户都收到了荣昌e袋洗送的啤酒炸鸡；电动汽车特斯拉话题火爆，荣昌就组织用户进行试驾活动。就在这样边玩边运营的过程中，e袋洗一边收获口碑，达到病毒式传播的效果，一边收获来自用户的建议并进行产品迭代，两手都抓，两手都硬。在产品改进和服务流程优化上，e袋洗得到了堪称海量的建议，为期不长的时间里，e袋已经迭代到了第五版，App也更新了六个重要的版本。

到目前为止，完成了两轮融资的e袋洗已经拥有微信和App用户50多万，日订单数超过4000单，张荣耀口中的"移动互联网企业"名副其实。

在传统企业转型的路上，张荣耀和他的荣昌已经先走了一大步。所有落后的人，都需要问一问你的用户，当你的产品和服务在线上和线下联动的时候，够不够便宜、便捷、好玩，他们愿不愿意用。如果答案是否定的，那你就要小心了，因为他们很快就要走上移动互联网这条船了，而你将被留在码头上目送他们远去，再无相会之期。

带着颜色去旅行

文/吴靖　微信/wj651324827

图3-7 "橙色味道"手工烘焙坊创始人吴靖

或许是巨蟹女独特的人格魅力，人送爱称——温暖姐姐，学新闻出身，曾在多家大型企业任企划总监。梦想就是选一处江南小镇，开一家客栈，经营自己制作的美食，写一本自己的书。

爱旅行，特别是一个人的旅行，喜欢那些有着厚重历史积淀的古老城市，曾经背着包走过凤凰、苏州、成都、西安……每每旅行，喜欢徒步，随意地走遍这座城的每个角落，总会发现一些不被关注的景色，有着独特的美丽，生活亦如此，感动总在不经意间……喜欢透过车窗看风景的感觉，有种错过就不在的遗憾，恰恰是这种遗憾的美让人更加珍惜下一道风景、遇到的每个人、发生的每个故事。岁月悠然与否，尽在人心，阅过几道风景，尽在经历。

当初无论如何都没想到会以美食为职业，觉得那不过是自己的爱好而已，只是那爱好里也曾藏着一段段故事，但已不悲不喜……

曾经，与父母回农村老家探亲，看着绿油油的庄稼，不由想起儿时与小伙伴们在田间地头嬉戏的场景，到处是随手可摘的瓜果、玉米之类的美食，特别是红薯、玉米，就地取材烤来吃，虽然吃过各类高档酒店，但都不及那滋味。如今，就算是超市卖的所谓绿色果蔬，也再也找不到当年的味道了，并非是我们的口味变了，实在是这环境、这气候使得土壤、种子发生了改变，从而影响着食物的口感。

选择辞职创业，源于希望将自己无添加的烘焙产品带给更多朋友，更希望将一种健康的生活理念融入到品牌之中，不健康的生活环境无可避免，唯有尽量从可控方面避免。与其说我们卖的是产品,不如说,我们传递的是一种健康的生活方式,回归天然。

选择手工烘焙这个行业,源于当初探知烘焙店的生产过程,原来我们看到的、吃到的各类点心,都是含有人工添加成分的,难怪闻着香,吃起来却没了味道,其中使用最多的就是人工黄油,美其名曰植物性黄油,成分则是氢化油、乳化剂、黄油调味料、色素、化学防腐剂等,都含有反式脂肪酸,长期食用对健康危害很大。除了主食材,烘焙制作过程中会添加一些辅料,而这些辅料在制作过程中也会存在一些不健康的人工添加成分,如花生酱、杏仁粉、香草精、糖粉等,健康的烘焙产品,主要选用动物性黄油、无淀粉糖粉、鲜鸡蛋、牛奶制成,不含任何添加剂及防腐剂,选料优质,食物才会好吃,才会是营养健康的。

图 3-8

"橙色味道"的黄油、面粉、糖、牛奶等主食材均由进口大品牌提供,鸡蛋则选用老家亲戚自己饲养的土鸡蛋;新推出的素饼干系列更是选用葡萄籽油替代高热量黄油,更健康不油腻,使用木糖醇及葡萄糖替代砂糖。

我们的辅料选择也很讲究,例如:我们的香草精选用等级最高的天然香草豆荚,用朗姆基酒密封泡制三个月以上;糖粉、杏仁粉、花生酱等,均为手工调制自行研磨,不添加淀粉等;我们还采用方糖作为天然防潮剂;真正从源头杜绝人工添加剂的摄入。

我们生存的环境已不再是小时候的蓝天白云,呼吸的也已不再是新鲜空气了,雾霾、污染这样的环境我们无力改变、无法避免,选择健康的食物,让我们及家人的健康少一些不良影响吧。

"橙色味道"每个细节都很用心,我们是在用匠人精神做点心。

匠人精神,那是一种全身心的投入、视所做之事为一件惊世的作品,无论做的是什么,哪怕是微不足道的东西,也将用生命去完成的精神,每个细节都倾注着心血,在意的不是它本身的价格,而是在人们心中的价值,得以传承百年的品牌靠的就是这种匠人精神。匠人精神体现于每个可见的细节,产品是应该让人感受到贴心的,制作者也同样是暖心的。

图 3-9

有顾客会说,你家点心和别家的不一样,能否做成那样。我说,"橙色味道"自成一派,我们有自己的特色和风格,我们本就与众不同,干吗非要与他人一样?只要是美味的、健康的就好,"橙色味道"只做自己。"橙色味道"每款产品都具独有的风格,不随波逐流是我们的个性,能坚持自己独有的产品特点,也是一种匠人精神。

有朋友说我家东东小贵。单一款水果干,就要经过不下10道工序、长达24小时烘制;我们的玫瑰酥,连玫瑰馅都是手工拔花瓣、腌制长达3个月,价格是产品的价值。应该看到我们在每款产品中付出的心血。

曾与同是做手工无添加产品的朋友聊天,谈到顾客消费心理的问题,很多顾客朋友觉得我们没有名气,因此对我们会有质疑,其实我们想说的是,天然的原料若是不可信,那么含有添加剂的产品岂不是更加不可信?试问市面上销售的产品有哪样没有添加剂呢?知名企业出事的也不在少数,而且都是大事吧。其实,越是我们这样目前还没有名气的品牌,才会越把心思放在产品上,因为产品就是我们的生命,赖以生存的源头。我们承认自己很弱小,正是因为弱小,我们才只有通过优质的产品来获得顾客的信任,别无他法;正是因为我们现在没有名气,才会更加注重品牌所带来的影响,更加小心翼翼。请相信我们,我们在用真心、专业的匠人精神做每一款产品,将最好的状态呈现给各位。

图 3-10

任何励志的豪言壮语并非是说出来的,而是脚踏实地的写照,别只是肤浅地去评论人家是否在自恋,多看看人家在做什么、人家为梦想付出了多少艰辛,这就是任性的张扬,梦想不是在嘴上,而是在脚下。

朋友眼里的我,多少有些疯狂,对任何事的执着是那样神经质,感情、事业亦如此,当身边朋友听说我辞了一份人人羡慕的高管工作,却要从事一份受累又不一定挣钱的活儿,都觉得不可思议,也曾有一些不赞同。如今系上围裙与厨房为伴,谁能想到眼前的妹纸曾经是衣着不凡的公司高层呢?

朋友常说,你自己送货不累吗?我说,不觉得呀,因为在我眼中看到的只有沿途的美丽。当人只看到辛苦,便谈不上开心了。活着就会累,坚持梦想的辛苦是一种乐趣,怕辛苦的人是体会不到这种乐趣的。

也一直认为自己其实做不了主动出击的事,并不善于与陌生人沟通,创"橙色味道"以来,深刻觉得任何困难都敌不过坚持。曾经开3小时车回京,做点心到凌晨3点,早上7点起床打包,中午出发去商场,下午站了3个多小时摆摊,竟然没觉得累。那天卖了货、认识了新朋友、谈了个企业大订单,虽然那两天遇到件不开心的事,但看到当下的收获,一切都值得了。

我们应该属于一群具有特殊背景的创业者,高学历、曾任高职、曾供职名企……过往的光环背景对我们而言并非全是优势,更需要我们具备过人的坚持与努力。别人眼里,我们是为了乐趣选择创业,输了也还能找到不错的工作;我们是玩票，有太多优势资源，比一般创业者容易多了。我想说，我们还有一个代言词"跨界"，因此我们也是要一切从头再来，顶着光环的人更容易放弃，从底层做起更需要耐力，是要彻底颠覆原有模式，将自己格式化再去填写。还好，我们得力于曾经，以至有信心在其他行业占一席之地。任何项目都是好的，任何时候都有市场，成败只与自身有关。与其看市场、看项目、看时机，不如看看自己吧。

图 3-11

　　时间过得真快，快一年了，300多个日日夜夜，产品研发、反复调试、拍照修图、扫楼式推广、亲自送货服务每一位顾客………赶鸭子上架，独立完成……有多少个不眠夜、多少辛苦眼泪、多少次要放弃，已经不记得了。每每看到陌生顾客成为朋友、每一句鼓励和支持，支撑自己坚持下去，为了梦想继续努力着。如一场旅行，"橙色味道"不畏风雨行在路上，自己也随之成长、成熟着。

　　经历近一年的创业生涯，深深体会到那些白手起家的老板们的脾气了，一点一滴的细节都需要自己亲力亲为去做，生怕有任何差错让自己之前所付出的心血白费，今天的成就都是汗水、泪水甚至鲜血换来的。因为曾经亲自走过，所以对于事情是可以自信地预估结果的，不曾亲身经历这一过程的人是不能够体会的，所以会被同伴认为是固执己见，甚至是刚愎自用。做成事一定要有脾气和性格，或许会高处不胜寒，但随波逐流是不可能成事的。

　　最喜欢成品呈现在自己面前的这一刻，亲手将爱注入每个细节之中，将心和温暖借美食传递给每位朋友，这就是"橙色味道"的品牌意义所在。

　　作为女人，若此生碌碌无为，不曾为梦想拼一回，人生是何其遗憾呀，自身的价值并不在于成就了什么，而是有没有为梦想努力过，每当看到自己的作品时，任何艰辛的付出都很值得。当离开人世的那一刻，可以无悔地对自己说：我有梦想，我努力争取过，我享受过追逐梦想的喜悦，我比别人拥有更多经历，此生无怨。

满足感有时并非是你创造了多少物质收益，而是来自大家对你所付出的认同，再多辛苦也有价值了。

一位用美食去诠释爱的温暖女子，用心、用爱调制的料理，想来定会是很特别的味道。

纯手工无添加，用美食传递温暖，"橙色味道"初衷不改。

一旦选择创业，就决定了你再也无法停下前进的脚步

文/王先德　　微信/wangxd1016

图3-12 "AIKEN爱肯"牛仔品牌联合创始人王先德

一旦选择创业，就决定了你再也无法停下前进的脚步！

我是王先德，大家喜欢叫我德哥，我是天猫原创品牌"AIKEN爱肯"牛仔品牌联合创始人，特艾服饰（上海）有限公司副总裁，上海林飒贸易有限公司CEO，桂林昊德科技有限公司CEO，一个崇尚自然生活的追随者。

1984年，我出生在山水甲天下的桂林一个偏远的山区，这里是临桂县辖最贫穷的乡镇之一。说到我的家乡，桂林是一个以旅游为支柱产业的地方，人杰地灵，只在临桂县，近现代就出了李宗仁、白崇禧、李天佑等某派系非常出名的三位人物；往久远了看，历朝历代也出了很多状元。正是由于历史的缘故和地域原因，这座城市给我留下了太多美好回忆。虽然我从小就在一个贫苦的家庭中长大。

因为离家远的缘故，小学六年级，我开始寄宿学校，初中高中阶段也是一直住宿学校里面。因为每个学段，都会是以学校第一名的成绩升学到新的学段，但是一旦考上，就会是学校里正常考入的学生里最差的一位，所以，我付出的一直都比别人多，不过，一旦进入学校一个学期之后，很快我就会成为班级第一，学校第一。

我一直觉得我比别人付出更多，并不是因为我有多么聪明。

我是山里第一个考上重点大学的孩子，也是第二个大学生。2003年，我考入全国最美丽的大学——武汉大学。在校期间，做过很多事情，可以说"好学生"获得过的奖励，我都没落下过；"坏学生"干过的"坏事"我也基本上都干过。四年时间里，我有过大喜大悲，曾经差点精神失常；有过保研的经历，也有过留校察看的处分；三进校长办公室汇报工作，两次组队前往贵州贫困山区支教，创建了一支延续至今的支教小分队。

在我第二次组队前往贵州支教前，当时的武汉大学校长刘经南院士还特意为我们举行了践行仪式，这也是我大学期间记忆比较深刻的一件事。

2007年，我从武大毕业，带着向同学借的1000元钱，和一帮懵懂青年（包含泡范儿创始人泡哥）一起从武汉登上去往森马的列车。在森马集团服务了近三年，三年间，学到了很多，其中有因不堪日常数据分析工作而占用大量宝贵的时间精力而独自钻研excel，使得一些原本需要几天完成的工作缩短至十几分钟，并将成果应用于部门各项工作，推广到集团公司，曾获得公司"excel王子"美誉的经历。在职期间，曾经利于业余时间合伙创业，成立公司开了一间餐厅（当时选择的地址是在上海市繁华地段，淮海西路）。但因管理经验不足，市场定位偏差，以及合伙人分工不明确等诸多问题，公司存在半年多即宣告倒闭。合伙公司倒闭时，全部资产竟以1000元的超低价贱卖。

【PS：创业前，我还清了大学期间的助学贷款，但一次创业却把几年攒下来的一点点积蓄赔光了，还向亲戚借了几万块钱，当我再次创业做爱肯时，还是厚着脸皮向同事朋友同学再次伸手筹钱作为股本。所以，借钱好像对我来说是很经常的事了。当你还在想着没钱怎么创业的时候，我告诉你，负债累累还是一样可以继续创业，就看你敢不敢……】

几个月后，我从森马离职，正式踏上全职创业的道路，并走向了互联网……

从森马离职这件事情上，其实还挺有意思，当时我和一位合伙人老吴同在一个部门，两个人同时选择离职，在当时看来有点"太不尽情意"，所以我俩商量着，他就以创业的理由，合理地提出了离职，而我在一周后，以"回家帮助叔叔管理公司"为由"曲线"离职。这次的离职理由，最直接的是导致离职后，创业的第一年时间里，我都是"不在上海"的，所以曾经的好朋友们也很少联系不能见面了，每每有同事们前往爱肯参观的时候，我都得"躲着不出来见人"。虽然，后来大家也都知道我在上海了，但大家所知道的是我是被"挖回来"的了。说这些，觉得也很有意思，自己创业都不能名正言顺地干，还只能"偷偷摸摸，不能见人"。不过，话说回来，这几年时间，很少出去应酬，因为大家都以为我"不在上海"，因为少了人情世故，所以我得以全身心地工作，有了更多待在公司的时间，可以思考公司战略战术，可以解决更多问题。

图3-13

2009年第一次尝试创业的经历让我获得了一些经验，但更多的收获是教训。在第一次创业失败后很快我和我的小伙伴们开始关注电商，并开始做了大量的市场调研，爱肯品牌的创建也正是在这个时候逐步展开的。经过半年的市场调研和数据分析，并考察了几十家供应商渠道，我们认为时机成熟的时候，于2010年4月联合创立特艾服饰（上海）有限公司并注册品牌（我从森马离职的第二天也是我们团队宣告成立，公司开业的时间）。

爱肯品牌成立之初，在定位问题上，我们做了大量的分析和研究。刚开始也曾经考虑过是做容易做的韩版女装，抑或是欧美女装，但是一天晚上在杭州参加阿里巴巴的一次会议后，那天晚上我们几个合伙人聚集在酒店房间里，从晚上8点一直头脑风暴到第二天凌晨4点钟，在不断地看数据和调研后，我们发现了商机，也就是在2010年的网络品牌中，我们搜索了淘宝，发现还没有一个纯粹的牛仔品牌出现，也没有一个是国内原创的牛仔品牌，我们认为这就是商机。于是回到上海之后，针对牛仔品牌的发展和包装问题，我们进行了一系列的论证和探讨，最终很快确立了品牌的定位和发展方向……

创业期间，无周末、无假期，甚至前两年每天工作到晚上12点，第二天早上依然8点最早到公司。同时，任何事情一定是冲在最前线，风雨无阻。曾经酷暑时节，为了节约成本坐3小时公交车到上海奉贤寻找服装加工厂，坚持，付出，胆大心细，助推了品牌的快速发展，也成就了个人对于公司管理各方面的经验。

也正是因为艰苦努力的付出，四年时间里，爱肯牛仔创造了多项网络奇迹。

上线3个月，受邀加入天猫原创品牌（原淘品牌）。5万多户商家中，精选的108个品牌。爱肯成为这其中最快成为淘品牌的商家。

聚划算活动中，开团17分钟销售6000多件，产品被一抢而空，等待的顾客更是数以万计。

　　5年时间里，爱肯牛仔办公场地从偏远的郊区一个居民小区开始起步，先后搬到过更大的居民楼，市中环旁边的5A甲级写字楼，再到现在的市中心地段。每次办公场地的搬迁和仓储库房的扩大，带来的都是含着泪水的欢笑。我们在步步前行！

　　5年时间里，公司团队不断尝试和摸索电商运营推广模式，而我主要负责公司内部运营业务，先后负责过产品研发、财务管理、人事行政、仓储物流、ERP系统管理维护及营销推广的工作，强迫学习并努力钻研。经过四年时间发展，公司各项业务成熟。其中两位走在前端的创始合伙人分别获评为福布斯2012及2013年度"中国30位30岁以下创业者"；另有一位创始人合伙人参与李咏主持的《爱拼才会赢》节目，获评"中国好项目"，全国五强。

图3-14

　　爱肯牛仔品牌的视觉"不断被模仿，但从未被超越"，其间多家线上牛仔品牌依靠模仿爱肯牛仔性感的视觉效果而获得了成功。

　　爱肯牛仔，已经成了电商行业领域性感牛仔标杆品牌！

　　爱肯牛仔，现有会员基数已过百万，拥有成熟的电商运营团队。爱肯有着非常优秀的产品设计开发团队，合作的工厂都是有着10年以上牛仔供应链经验的专业型大型工厂，产品做到100%全检的品质控制；爱肯有着专业的品牌企划与视觉创意团队，并拥有专属的外籍摄影师及模特；爱肯拥有一套符合自身定位的仓储物流管理系统，能保证订单快速地到达消费者手中。

　　爱肯牛仔在线销售平台至今已经覆盖各大电商平台，如天猫（aiken.tmall.com）、唯品会、聚美优品、京东、一号店等，现在也在努力做好微商。爱肯，已经从创业初期合伙人打江山，逐步进入职业经理人管理的新阶段，创始人已经逐渐摸索到新的机会点，新业务已经不再局限于服装产品，不再只是电商渠道，我们将做得更多更广……

  2014年下半年，因为休假的缘故，我离开了上海。想起在爱肯创立初期，我不喜欢运动，稍微闲暇点时间出来的时候，会选择在办公室的后面挖块地种点菜，还别小看了，我种的菜总是能吃得上，关键是无毒无害，健康安全，还吃得很舒服，随时采摘。回到老家的这段时间里，我开始关注生态农业电商项目，如今也已新注册公司，准备迎接新一轮的创业挑战。未来的创业方向，我将更多精力放在生态农业上，我希望未来我们的生活变得更加健康，也会有更多的人有条件体验新的一种生活方式，可以远离城市的喧嚣，到达寂静的山里享受那份纯净的自然生活，与大自然更加亲密地接触。

  当未来一切都成熟，一定会出现一种新的生活配套服务，它将会把人的最基本需求"衣食住行"很好地结合起来。而我希望我将是这种服务方式的推行者；而桂林是具备这种方式的最佳沃土。

  回到现阶段，我想说：不管是电商还是微商，抑或是传统行业的运营发展，只是商业运作模式的区隔而已，本质上还是一样，仍然会回归到产品及服务本身。如何将更好的产品通过好的渠道服务于我们的客户朋友，才是商业的本质。

  献给想创业或者正在创业路上的你：人必须要有梦想，有梦想就要有行动，行动起来之后继续坚持，最后一定会看到曙光！

  最后，我把我一直沿用的个性签名分享给大家：我向往自由，亦钟情于山水；给我一片天地，快乐普于众生。

图3-15

每时茶蛙跳创业法：
草根创业如何零费用聚集最初1000个用户

文/秦海　微信/ms794336173

图3-16　每时茶创始人秦海

我是每时茶创始人秦海，暂时仅运营一款单品手筑茯砖黑茶。2013年5月初从公关公司辞职，从6月份开始，尝试以微博+淘宝的方式摸索销售茶叶，后转战微信。从2014年8月28日起开始通过每时微信商城（账号i-teatime）进行正式售卖，到9月底首月赶上中秋旺季单月创收近30万。目前第一批1000多块早已售罄，第二批1000块在春节前后均已销售一空。

目前，我们显然已经迈过了首批1000个顾客的门槛。其基础背景是：1. 投入比较小，共计约20万以内资金。投入主要用于公司基础运营及产品本身，传播费用几乎为零；2. 我大学学金融，毕业从事市场公关，无销售及实业经历；3. 在公关公司时属于中高层，但公司本身不大，职场人脉多以中层为主，无任何特别人脉背景。

那么，在这种情况下，我自己是如何从混乱中寻找出路并活下来、聚集1000个用户的，就显得稍微有点意义了。总结一个关键词就是：蛙跳创业法。具体过程是，微博+淘宝找到最初100个用户，各种勾搭，将用户和朋友聚集在微信群，共同参与扩大声势，再通过微信服务号+有赞实现最初1000个用户，再借助公共媒介比如央视及其他媒体聚集社会资源，现在基本非常有自信地可以向10000个用户进军了。

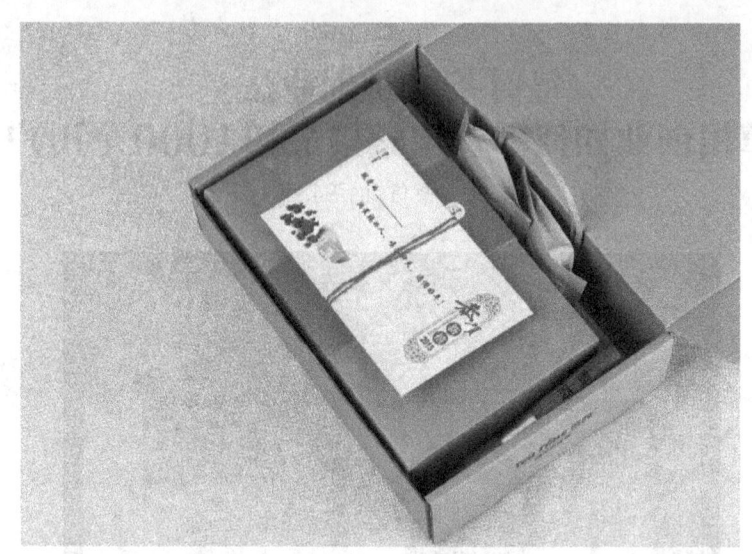

图 3-17

我的蛙跳创业三部曲

第一跳：找到 100 个铁粉，找到一个支点。

2013 年 5 月到 2014 年 3 月这个阶段，手头拿着家里亲戚的茶，差不多近 10 种产品，从微博＋淘宝瞎打瞎转到微信。根本不知道推谁，即便推谁也是凭感觉；再一个，这个时候连品牌名都没有，产品还是原始农产品包装，想推也推不开。但这个过程中，积累了一定量的粉丝，而且建立了较强的互动关系，其中一部分后来成为了客户，一部分成为了参与者。

这期间的主要作用是：1. 收集市场反馈，发现用户及潜在用户需求；2. 积累最初 100 个顾客及更多关注粉丝；3. 关键点：社会化参与、做减法。这期间，最开始连 LOGO 如何设计、包装如何设计都使用了众包，在 2013 年 11 月左右，通过与 50 个人邮件沟通完成。与此同时，与几个哥们儿组建了一个叫"创业工社"的小组织，与创业者交朋友，拓宽了自己的社会交际范围和见识。

到 2014 年初，认识到了最开始尝试的做法绝对不能一直持续下去，所以才开始做减法，决定从做好一块茯砖茶开始。这样，前面的这些基础市场反馈和原始用户的作用才能被凸显出来。

第二跳：聚焦单品，转化势能。

从 2014 年 4 月 1 日，当天即宣布从做好一块茯砖茶开始，成立了"黑茶百人顾问团"，这些人多数就来自此前积累的客户及从社会上吸引来的"铁粉"，及少部分朋友。

因此，第一件事情仍然是参与，这时的参与包括初期产品如何策划、包装如何去设计、共同寻找设计资源、举办线下活动筹划如何销售。再后来在开售前，还聚集了10个兼职销售，部分还产生了非常不错的效果。

第二件事情，就是把整个项目过程公开化，随时在群里及文章日记去分享。而本身的执行和最终把关确定就只落在了团队2人身上推进，从设计到制作，到进山选原料选产品，到推进各项商务及规范流程。到2014年8月28日开售前，我们的产品已经有了600～700人次的顾客及试用者。加上这期间的各种曝光，创业家旗下i黑马报道过一次，顾问团的小伙伴们对我们的各阶段的内容分享也很给力，获得了比此前第一阶段更多的关注。而在开卖前，通过微博及微信宣传，初步敲定了三四个企业客户。

同时，手筑茯砖黑茶Beta版开售选择了2014年8月28日这个非常重要的节点：中秋节前两周时间。包含微信商城和企业客户在内，取得了首月开门红的业绩，创收近30万。这本身的业绩意义并不有多大，最主要的意义在于，通过如此苦逼式的积累，草根也有了开始的可能，才让我有可能站上了更高的一个点。

第三跳：平稳蓄势，伺机起飞。

从2014年10月到2015年这个阶段，考虑到业绩如何平稳维持，到寻求投资人拷问，建立完善团队，梳理沉淀及提炼项目。这期间，我们很好地总结了开门红的事情，上了一次新浪科技，这次传播带来了数千的粉丝增长，微信搜索里有近30页近260篇的免费转载，百度新闻里搜索到的转载也是上百条。这次总结，可以讲获得了非常不错的社会传播，引来长期关注我们的投资人就有三五拨，而且都是非常知名的机构。

10月开始，接下来经历微信双11、双12及元旦促销及现在的新春促销等。现在，在我看来，我们团队已经能够很好地凭借自身造血，稳步地往下推进，尽管项目还有诸多待梳理的地方，但当哪一天我告诉投资人某一个战役我们就能干几百万甚至更多的时候，我相信投资人会被吸引过来。当然，我们从来没把拿投资当成是最重要的前提。

相继的，我们上了门户报道、上了若干报纸、上了电台、上了央视，这对于一个初创项目而言，是很大的激励和帮助。但对我们而言，一切都还得如履薄冰地进行，我深刻认识到：1. 团队是多么的重要，没有足以支撑的人，咱们的事儿就别想干大了，一直就在谈合伙人及吸引式招聘，目前已经加了一个小伙伴，第四、第五个小伙伴（不含非全职）也是很快的事情；2. 让产品真正接受市场的考验，消费者目前已经为我们梳理出了很多意见，让我们对产品的改良及扩展已经越来越清晰，更好地完善产品才是重中之重；3. 项目不断接受投资人及社会拷问，正越来越清晰。但因为前面的这一次又一次蛙跳，在这阶段去触及更多有利于项目推进的社会资源才变得有可能。项目到一定阶段，没有资源的整合，单打独斗必然是很傻帽儿的。但现在，想象更大的可能也不是问题。

图3-18

什么是蛙跳创业法？

总结"蛙跳创业"这个说法，其实源于原新东方三大元老之一现真格基金合伙人王强在CCTV2的一档创业栏目上对我的一个形容——青蛙。他讲我的成长就是一个像青蛙一样一步步往前跳的过程。恰好，我个人成长的经历也决定了我创业行走的方式——蛙跳创业法。

蛙跳，作为一种运动练习方法，能够练就强大的大腿肌肉和髋关节力量；作为一种战术，最早诞生于第二次世界大战后期的太平洋战场。

而蛙跳，对于创业而言，同样具备相似的意义。当我们处在某一个节点时，用最大的精力聚焦于当下的目标，为下一次跳跃聚集力量；然后再站在一个新的节点，以此实现另一个新的小目标，不断重复此前的蛙跳过程。虽然每一步仅仅在当下都是微不足道的，但对于整个进程而言却至关重要。这里面，有几方面很关键：一是要聚集专注于当下的事情，并壮大自己的力量；二是一定要跳，而不是像此前一样继续一寸寸地往前推进；三、跳的步伐不一定每次都很大，但一定是朝向总体目标方向，走得越来越远，力量越来越大，离目标越来越近。

对于很多创业者而言，包括我自己在内，因为并不比别人聪明一点、能干一点，并不会像别人一样一定会轻松地拿到投资，或者有着独特的社会资源和家庭条件，蛙跳式的创业让我们更能聚集细小的事情，积小溪成大河，走向更大的可能。作为一枚草根创业者，一开始应该有排除那些想象的"幸运"因素，拿投资的新闻天天有，但比起众多创业者一定是少数；关系也不是人人有，有了关系有时候还是个疾累。但如果条件具备，还能很好地整合运用那自然未尝不可。所以，蛙跳创业法，天生就该属于草根创业者、适宜纯粹的创业者。虽然让人觉得又笨又傻，但只要保持好节奏，一定能走得很远。

这就是我所谓的蛙跳创业法，这个说法不过是为了总结和方便人们记忆和传播而已。其实质是，草根的无以复加，笨得不能再笨，才这样苦逼的。但在我看来，这种苦逼会很值得，如果我们将来能够做大，一定会有今天这苦逼的分。有投资人直接告诉我，你这样的办法太拙了，我认为他说得很对，也提醒我要去真正找到一个点去发力。但是，很多事是事在人为，当然也要顺势而为，但最终干完后，当你蹚过泥泞，你会发现，也没什么大道理一定能说得清。

【背景资料】蛙跳战术：1943年的太平洋战争就陷入了这样一种拉锯状态：以美国为首的盟军开始反攻，日军则负隅顽抗。南太平洋上岛屿星罗棋布，双方逐岛争夺，战争异常艰难。为了加快战争进程，美军的两大名将麦克阿瑟和尼米兹放弃了线性平推的传统做法，跳跃前进，越岛攻击。太平洋战区的盟军在他们的指挥下，两路并进，利用海军优势，避开日军的一线防御要点，攻取其战略纵深中守备较弱的岛屿，得手以后再以此为支撑继续开展进攻，从而使战争的进程大大加快，仅用半年多时间即突破了日军的内防圈。由此，衍生出了"蛙跳战术"。

50岁老妈子的18年坚持和她的执拗人生

文/婧婧　微信/18689839065

图3-19　海南农场主婧婧妈

　　50岁，你会在做什么？我认识的这个女人，50岁之时再次"折腾"起自己的人生——创业当农民。

　　这女人是我老妈，实在、勤快的传统海南女人，提到她和这座200亩的自家农场，能说出太多的故事，眼前所见到的不仅仅是农场里成片的橡胶林，还有18年间存在着的各种果树，每一棵树都承载着老妈子在农场里付出艰辛与努力、光阴与信念。

　　18年，老妈尝试过许多条路，种过各种果树，木瓜、杨桃、荔枝、龙眼、菠萝、菠萝蜜、番荔枝、番石榴、火龙果、青枣……有过不错的收成，也因不同原因而放弃和改变。做农业有太多太多的问题，设想总是感觉足够周到，但真正做起来还是会因为一些缺口而产生阻力，老妈没有太多的成功经验可以借鉴。

　　那么多年，即使一直经历着艰难，但从未想过放弃。

　　橡胶林越来越粗壮之时，老妈看到了林下经济的希望，养起农家鸡，用着最传统的散养方式，没有工业加工不添饲料，零售价即使高出市场价一倍，但每周销售一次都能被疯抢，甚至货车还没到达就有人早早等候，老妈描述到那时的场面依然津津乐道并且信心十足。

正在稳步发展之时，家庭变故，父亲突然离世，我还在读大四正处于实习期。大山倒下，对于我们的打击是无法言说的痛，农场因此暂时搁置。接下来的很长一段时间，我尽可能地努力工作、养家，帮助老妈走出阴霾。幸运的是，亲朋好友都在身边陪伴支持，给到老妈心理上的慰藉，我也逐渐有能力让老妈过上虽不算富裕但也舒适的生活。

时隔两年，母亲重拾农场，把自己所有精力投到农场，辛苦的劳作让她没有多余的时间回忆疼痛，并且更加坚韧。

图 3-20

只有两千元，依然往前拼。从第一批小黑鸡苗进入农场，慢慢地越来越多，每一步都脚踏实地。干起农活，老妈拼起来比谁都能吃苦，草帽一戴，装备一拿，就风风火火干起活来，连干了半辈子农活的工人都比不上老妈那火速和拼劲，谁都不相信这是一个"城里来的"女子，甚至能一待就是几个月没回城，即使那时候农场里还没有拉电线，光源仅来自煤油灯和马灯。

即使雇了工人，老妈也一样从鸡打鸣干活到黑灯瞎火。捡柴火、劈柴、消毒打药、除草、种树、给鸡喝水的容器加水、观察鸡的成长状况……起早贪黑，有时到了夜晚还继续白天的活儿，天天累得颈椎上的止痛贴都不带停，双手上的茧厚厚一层，皮肤早就被晒得黝黑。

传统节日时工人全都放假回老家，我和老妈一同捡柴火，干活。戴着手套，头顶草帽，拉起手推车就开工了。老妈拿着镰刀砍枯树枝，我把树枝往手推车上垒。装满一车后，我往回拉。

我这真不是干农活出身的，拉得吃力，还得继续，经验不足，也曾不小心翻了一车柴火，又一把一把捡起装满，继续往回走。

几趟下来真是累，但也要尽量多干活、干重活，不让老妈多累着。

图-21

"执拗"原则 雷打不动。

不在养鸡过程中做文章，一颗饲料都不碰。

老妈总说："人是能吃得出来好坏的，要是用上饲料了，人吃过一次就不买你的了，饲料和农药是绝对不能用的，切不能为了一点小利益影响信誉。"

黑鸡的成长过程很纯粹，白天在农场里四处觅食，它们的天然食粮包括整园的草和地上能吃的虫、木头上掉落的白蚂蚁、农场中的各种树上熟水果，傍晚老妈用哨子唤鸡回到房屋附近，撒上稻谷给黑鸡们吃上一顿，稻谷是煮熟过的，这样黑鸡吃起来更果腹。煮稻谷的过程需要时常搅拌，一口农村大锅放着满满的稻谷，搅拌起来可需要不小的力气，老妈就要付出更多辛苦，常常忘记戴手套就干起活儿。手上的茧子越来越厚，起水泡是常有的事儿。我不忍看，看着心疼，给老妈贴膏药时更揪心。

图 3-22

自然成长，不足七个月坚决不卖。

任何值得拥有的东西，都是值得等待的。黑鸡从小到成熟的时间必须至少七个月是老妈雷打不动的原则。农场里养鸡以来从未进过饲料，不催生，用最传统的方式，让它们自然成长的过程中在农场里自由觅食，拥有足够的运动量，保障卫生防疫，肉质才能更健康美味，鸡蛋才能够拥有最天然的品质。

老妈坚持的是，人们要想从土地上获取最好的宝贝，必须尊重这片土地，尊重土地上的自然生长规律，才能够真正享用到最好的食物。

于这片土地，这祖上传下来的农场，老妈能够用一辈子去保护她，并且始终坚持原则。于商，老妈也依然保持"清醒"，哪怕是断了货，再加上买鸡人不停的购买需求，老妈还是坚守着时间的约定，这是她和品质的时间约定，约好了时间，任买鸡人再催，也不曾放弃自己的坚持。

再苦再累，也不及信念的强大。

一切都从零开始。我们没有货车，没有华丽的店铺，没有足够多的资金，

图 3-23

一切都靠双手。

　　鸡和蛋要从农场运到海口来卖，100公里的路程，运输工具各有不同，回程的运菜车、拉报纸的货车、亲戚的车、朋友家的车、长途客运甚至黑车或三轮车，不论白天或晚上已近12点钟，只要能到达，我们用过各种方法。一箱一箱地搬到家，三楼不算高，但几箱子下来也会腰酸，鸡和蛋都放阳台，打包自己来，送货自己上。

　　说实话，对于我这个从小不曾干活的身子骨来说，真会感觉吃力，但从看到小鸡一点点长大，到满园子捡鸡蛋、数鸡蛋、送货到客户手上时的满足和喜悦都把辛苦冲掉了。

　　坚持和努力总会有回报，信任我们的回头客越来越多，好评越来越多，最多最让我们感动的话是"谢谢你们，给到了我们真正的健康鸡肉和鸡蛋"，"真的有鸡肉味道，蛋黄有纯粹的清香"，"这就是我们小时候才吃得到的味道"……

图3-24

　　不少人问过老妈，孩子赚的钱也不少，这么大年纪了为什么还要折腾。老妈每一次都说，闲不住。面对别人每一次的质疑和不理解，老妈依然坚信的是，一定能做好的，坚持质量，我们的产品、我们的鸡和蛋一定能越做越好。不论别人怎么说，自己始终坚持着自己的坚持。

图 3-25

美丽心情，借助微信腾飞

文/刘建 微信/18511344912

图3-26 美丽心情负责人刘建

"美丽心情，是一种生活态度"，成为脍炙网络的口头禅。"美丽心情"蚕丝面膜在微信圈里随处可见，一起探索它是如何借助微信腾飞而成为草根创业知名品牌的。

——题记

图3-27

【起步】

刘建早有创业之心，决心做"美丽心情"之前，跟朋友们一起拜访杜子建老师。杜老师开山边说：创业，九死一生，需从死门入，生门出。于产品而言最大的死门就是品质，很多大品牌死掉源于品质变差，比如：三鹿奶粉。因此，"美丽心情"先把住死门，坚决做好面膜。随后交流中杜老师谈到：道、法、术、器，开始朦胧不懂，回家反复琢磨，若有所得。刘建心想只有通过实践才可以明白创业之道，便下定决心做"美丽心情"面膜，立刻辞掉原来工作，由此开启创业之旅。

【摸索】

没有蓝本可参考，从零开始摸索。2013年上半年微博盛行，风靡全国，是草根创业品牌宣传的好平台。刘建于是便从微博上开始宣传卖面膜，效果的确好，第一次发微博就得到1000多次转发，获得100多位客户，交了很多微博上的朋友。其所交朋友大多是80和90后的创业者，这部分群体积极、有活力。恰巧碰上小米借助微博营销的成功，由此断定：草根创业群体必将崛起。因此，刘建在2013年10月中旬创建了草根创业联盟，聚集全国草根创业者，彼此帮助、相互合作，也为"美丽心情"全国布局埋下伏笔。

图3-28

【腾飞】

2014年对全国草根创业者有非凡意义，微信营销空前盛行起来，影响力远超微博。草根创业联盟立即移到微信阵地，一发不可收拾，迅速传播到全国。因为在各个城市建有分群，刘建得以有机会全国走动，与当地草根创业者交流移动互联网发展下带来的变化。聚会中，刘建借此机会跟与会的创业者分享"美丽心情"的发展思路，现场很多朋友表示感兴趣，后来成为代理。刘建所讲的借助微信创业的理念，于他们如沐春风，看到创业希望，纷纷加入"美丽心情"发展，或代理，或合作。事实证明，何止春风，更兼春雨。2014年5月份之后，随着微信社群的快速发展，草根创业联盟名声传播到全国各地，刘建个人品牌形象得以树立，"美丽心情"也借移动互联网之春风传遍全国。截至2014年10月份，"美丽心情"已经在15省扎根，并迅速在省内蔓延开来。更值得骄傲的是，"美丽心情"卖到了美国、加拿大、俄罗斯、乌克兰、塔什干等，借助微信"美丽心情"腾飞了。

图3-29

【发展】

"飘风不终朝,骤雨不终日",一个产品火得太快,自然熄得也快。刘建掌舵的"美丽心情"不会发展过快,热到一定程度就要降降温,因而你看到的"美丽心情",是在温和中稳定发展。我们坚守的是:产品品质、客户口碑、团队打造、品牌传播。

2015年伊始,伴随着微信社群热度的下降,很多面膜品牌销声匿迹,而"美丽心情"却依然保持发展势头,靠的正是我们的坚守。当下,草根创业是趋势,也是难得的机遇,然而不能过于浮躁,要脚踏实地,借助好微信社交平台打造品牌。任何事物都有两方面,移动互联网让我们沟通交流更方便,宣传成本降低的同时也使得一些人容易焦躁而偏离创业之道。

刘建是微信发展红利的获益者,"美丽心情"依然借助微信稳步发展。微信,是好的社交平台,也是好的创业平台。创业不容易,且行且谨慎。

泡范儿的微商之路

文/泡哥　微信/liuzhiyong19840319

图3-30　"泡范儿"CEO泡哥

斯摩达克斯的双刃剑

当下人人都说互联网是最容易创造奇迹的地方，媒体上各路大神充满激情地阐述着一个又一个新颖的概念，让人眼花缭乱。互联网充满诱惑，又处处藏匿着陷阱。自媒体更是演绎着推广的神话，一个粉丝超过十万的微博或者微信号，每一句发声就如同在一个地方电视台播放一次信息且受众精准。"分享"让信息快速传播，让受众主动关注……互联网的众多优点也成为创业者所瞄准的目标。

但创业从来都不是件容易的事，即便是在自媒体时代。品牌、产品、运营、销售、资金、团队……牵一发而动全身。任何一个细小的差池都会让创业者步履维艰。自身之力总是微小的，创业者都希望能有人在你最困难的时候雪中送炭，在你需要改进的时候为你锦上添花。那么你的一个idea就能贪婪吮吸养分，野蛮生长。而社群经济实验室，是由众多大咖搭建的一个助力创业的平台，希望在自媒体的时代探索品牌成长的新模式。

取经路上的导师团

社群经济实验室是由济南的至尊宝和泡范儿的创始人——上海泡哥共同搭建的一个助力创业的平台，为的是让社群给创业者带来更高效的资源对接和更精准的学习。社群经济实验室邀请到了一群来自互联网、演艺圈、时尚界、设计界、自媒体的江湖大侠一起构建中国的社群经济体系，打造"社群经济2.0"为创业者支招。

图3-31

互联网品牌"泡范儿"即溶草本饮品成为了社群经济实验室的首个孵化项目。从理念提出到产品落地并开始上线销售，社群经济实验室全程护航，助力这个不断创新探索的互联网先锋品牌。社群经济实验室到底是如何操作？在对商业应用的全方位探索下，如何一步一步帮助创业者？我们拿"泡范儿"的项目做一个详细论述。

群内嘉宾做客分享

社群经济实验室邀请了众多大咖，以及一群致力于在移动互联领域深耕的专业投资人，给创业企业保驾护航的律师联盟……人脉资源，以及前辈们的经验对于一个创业者来说至关重要。很多创业者在初期找不到正确的道路，因此会花大量的钱听课听讲座，但却并无针对性。在社群经济2.0模式下，定期会有重磅嘉宾进行授课，分享创业的方法，最前沿的思维以及产品案例分析，同时可以在线互动一对一地解决创业者的疑难问题。

图3-32

"泡范儿"正是在这样一个环境下逐渐成长的。"泡范儿"的初衷是因为泡哥看到朋友因为拼搏而生病累倒,太忙又没有时间来养生,甚至没有时间泡上一杯茶。泡哥决心用时尚品牌的玩法做一款最便利最有范儿的养生茶,让健康茶饮随时随地。

想法成形,但是随之而来的问题却让人头疼。该怎么融资,怎么去开发,产品的定位是什么,品牌推广该怎么办,团队该怎么建设……群内嘉宾针对泡范儿的问题给出意见,建议"泡范儿"基于互联网基因,将人与健康链接起来,用时尚好玩的方式传递药食同源的养生理念。

品牌跨界合作

跨界一直是一个时髦的词,跨界却不是容易做到的事,需要拥有不同行业具有影响力的资源。"泡范儿"结合社群经济实验的资源与潮流艺术跨界玩包装,在包装的设计上邀请了米兰设计学院与中国美术学院知名插画师的组合,手绘插画包装极具艺术气息,使包装本身成为传播的一部分,使消费者愿意收藏。

一般的创业者资源都很有限,常常有好的想法却心有余而力不足。而社群经济实验室正是以人脉为依托,各行业有影响力的人物都可以提供资源,使品牌进行跨界,相互引流。

图3-33

大咖助力推广

在移动互联时代,我们常常强调意见领袖的力量,一个具有影响力的大咖,他们通过自媒体发出的每一篇文章每一句话都会受粉丝的关注和讨论。如果一个新生的品牌,能借助大咖们进行推广,提高自己品牌在目标受众中的曝光度,推广便能事半功倍。"泡范儿"在推广时,希望用时尚好玩的方式打造产品,进行推广,在自媒体上充分利用大咖的个人影响力，社群经济2.0环境下，用极低的成本进行品牌推广。

前辈保驾护航

当你做一件事遇到困难时，向前辈们请教，一定是最佳的方法。前辈们走过的路，他们摔倒的地方，他们成功的方法对于新手来说是十分宝贵的资源。而"前辈"们总是可遇而不可求。在泡范儿成立初始，也面临着这样的问题，独自摸索，困难重重。在社群经济2.0的环境下，找到行业经验丰富的前辈变得更加容易。

可以跟他们有针对性地交流，对创业中出现的问题进行讨论，前辈们保驾护航，能少走许多弯路。

种子用户产品体验官

社群经济在线上建立孵化集中营，重点扶持种子创业者，私人定制产品设计，专属课堂培训，颠覆已有的培训机构，通过导师的指点，给出正确的建议和方案，并在创业路上给予福利以及政策的支持且有专属的产品体验官，为创业者产品改进提出切合实际的意见。

"泡范儿"的产品就是在社群经济实验室的产品体验官严格把关下，通过数以百次的改进，在口感、营养、色泽上一遍遍进行调整打磨，才有了如今在淘宝上线的产品。

前进的温度

当一个创业者在迷茫困顿的时候，有懂行的人愿意拉你一把，这前进中的温度，便是脚步不停歇的动力。站在巨人的肩膀上，你定能看得更远。社群经济实验室成功孵化了泡范儿的项目，这种新型社群经济模式拥有着无限的可能性，未来，将会帮助到更多迷茫中的创业者。

我们的"靠上"之路
——中国首款互联网白酒"靠上"酒，自己捣鼓个酒喝喝，行不行？！

文/贾树滨　微信/18653183968

项目关键词：

白酒、私人定制、社群经济、互联网思维、众筹操作、C2B、从单一产品到品类到平台再到生态。

图3-34　靠上酒合伙人

第一部分　靠上酒概况

一、做酒的想法由来已久

看身边一帮老友慢慢从红酒、啤酒、干邑、威士忌慢慢喝回白酒，每到中秋春节都去找一众酒厂哥们儿去灌点原浆缸顶给老爹，看着酒水柜台里的各式酱、浓、清林林总总……

总觉得要不要做一款简简单单的酒，找个靠谱的酒厂，浓也罢、酱也罢，窖藏时间别太短，就是纯粮酿造，价格实实在在，"一斤酒5斤粮3斤7两是高粱"，凭什么卖那么贵，凭什么还要酒精勾兑！

任凭弱水三千，我只取一瓢饮，不想再去纠结

图3-35

真真假假，不想再去拼着人情脸面去酒厂去灌原浆缸顶，弄一款纯良酿造，给老爹给自己。

二、诚意之作——"靠上酒"谨献与你

父辈们还在为清香、浓香还是酱香争论不休。我们也艰难地行走在寻找属于青春的酒的路上。

曾奢望一醉解千愁，换来的却是第二天的头痛欲裂。只想要一种让人踏实的靠谱感，苦苦不得。

索性，我们自己来制造些靠谱感吧。

靠上酒，就这样被一群很靠谱的有志青年做了出来。从瓶身设计到酒品灌装线，亲历亲为的每一个角落。

痛快就要来一场，给乏味的生活添些精彩。

当酒被赋予靠谱的定义，一切都变得顺理成章。良心和粮食交融，用靠谱的态度蒸馏出来的酒。我们愿把这种赋予酒生命的心态带给你的生活，让你的一切都变得靠谱起来。属于大家的酒，靠上酒。

三、靠上酒酿造工艺知多少

【酝之灵动龙泉水】

靠上酒酿造之水取自济南七十二名泉之"龙泉"地下水源，水质清澈透明，入口微甜，与山东著名特产——好水造就好阿胶的"东阿阿胶"取自同一水源。换作其他任何水质都很难酿造出独有的地道浓香，靠上酒全程采用龙泉水酿制而成，不受污染。完美的水质有利于糖化和发酵，水的硬度能促进酵母的生长和繁殖。

【品之坚实独地利】

靠上酒产地平阴，地处东经116°12'至116°27'，北纬36°1'至36°23'，所处构造部位较泰山凸起区较远，因而受历次构造运动影响较小，地层一直较稳定，保水性强。适宜的环境造就了富含多种磷、铁、钴的土壤，这也是酿酒筑窖的最佳选择。独特、稳定的土壤和水质，也温养了酿造优质白酒的各类微生物菌群共生共荣，为靠上酒的绝佳品质提供了不可复制的自然环境。

【酿之精魄优单粮】

靠上酒以单粮固态发酵而成。在我国，以高粱为原料蒸馏白酒已经有超过700年的历史。其所使用的是精选优质红高粱，颗粒饱满，干净无杂质，支链淀粉含量高达61%以上，高粱皮中含有适量的单宁（0.3%左右），可转化成丁香酸、香草醛等芳香物质，故有"高粱酿酒香"之美传。

【精选单粮发酵聚木鱼石灵气，汇千古名泉龙泉水之精华，香溢四宇】

得天独厚的自然条件，精工苛刻的人工筛选，酿造出了清冽甘爽、回味悠长的靠上酒。酒体丰满，窖香浓郁，小酌一杯，酒液在唇齿之间，如珠落玉盘，无思无虑，绵延不绝。

图 3-36

四、靠上酒香型知多少

酒的风格是色、香、味三大要素组成。

靠上酒秉承浓香型酒的理念，在承继400多年传统酿造工艺的基础上，结合现代工艺，选用了泉城著名的七十二名泉之一的龙泉水脉（与东阿阿胶同一水源），因此窖香浓郁，绵甜甘冽，香味协调，尾净余长，让众多爱酒之人赞不绝口。

浓香型白酒，香味浓郁。这种香型的白酒具有窖香浓郁、绵甜爽净的特点。它的主体香源成分是己酸乙酯和丁酸乙酯。靠上酒的己酸乙酯比清香型酒高几十倍，比酱香型白酒高10倍左右。另外还含丙三醇，使酒绵甜甘冽。酒中含有机酸，起协调口味的作用。浓香型白酒的有机酸以乙酸为主，其次是乳酸和己酸，特别是己酸的含量比其他香型酒要高出几倍。

靠上酒采用的是优质高粱，原料混蒸混烧，采用周而复始的万年糟发酵工艺，用曲量为20%左右。窖池是肥泥窖，为丁己酸菌等微生物提供了良好的栖息地，且是在全国独一家的木鱼石酒窖中发酵而成。提纯和去杂质的比例远远超过传统酒窖，让靠上酒的香气和口感趋于完美白酒状态，喝时无辛辣感，只觉回肠荡气、香沁肌骨。

无论您是善饮者或不常饮酒的人，一经品尝都能感到靠上酒的风味特殊。

靠上酒，酒液无色晶莹，酒香芬芳浓郁，酒体柔和纯正，清冽甘爽，酒味谐调醇浓。饮后余香，荡胸回肠，香沁脾胃，味甜肌肤，令人心旷神怡，妙不可言。

五、靠上酒之初心

源理想国,成阁老贡。筹才汇智,终有靠上。不忘初心,方得始终。

初心,往往很简单,却常常被描述得很复杂。中国首款互联网众筹白酒的初心又是什么?

【理想国创始人蒋锋】

2014年8月21日在朋友圈发出"过节了,想鼓捣个一款纯粮酒,行吗",未曾想,马云曾说过的"万一能实现的梦想"很快便成为现实。蒋锋默默关注白酒行业多年,近年来,白酒在诸多因素下量价齐跌,他认为这是一个弯道超车的机会,一个千载难逢利用互联网对传统白酒企业进行升级和改造的机会。白酒,作为特殊的消费品,消费基础非常庞大,而传统酒企却无法利用"移动互联"对产品进行品牌重塑、通路重建、寻找消费者。于是他开始寻找靠谱的酒企,尤其是对互联网有深刻认识的酒企负责人。功夫不负有心人,传统得不能再传统的阁老贡酒业进入了他的视野。

【阁老贡酒业总经理胡锡虎】

2014年8月21日在朋友圈发出"要做互联网就要有把公司做成互联网企业的决心!"同样是未承想,这个梦想这么快就能落地。阁老贡酒业是济南老国营酒企,80年代产品曾畅销全国,酒企曾被三株集团收购,随着三株的没落而退守济南市场。2011年末曾在海尔、三星等担任过高管的胡锡虎临危受命接手企业,将数据化管理带入阁老贡。在酒水行业进入调整之期,他深刻地感觉到阁老贡按照传统战术已经很难走出济南,必须将企业进行互联网改造,首先是思维,然后是产品,最后是企业。再与蒋锋碰面后,一拍即合,于是开始寻找具备"匠心"的设计师。

图3-37 靠上酒创始人胡锡虎

【资深设计师老边】

2014年8月21日在朋友圈发出"宣布戒酒,是的,是真事"。未承想,这个承诺却戏剧化地成为日后的玩笑。老边,济南设计圈出名的"大拿",请他设计产品比较困难,请他加入团队更加困难。当蒋锋与胡锡虎带着酒水来到已经戒酒的老边身边时,其实是非常尴尬的。老边平时爱喝两口,却时常喝不到纯粮酒,本想尝完样酒打发二人离开,没想到酒真好,老边怦然心动。随后三人开始挑选瓶型,设计包装,在淘汰2000多种瓶型后,酒企负责人胡锡虎崩溃了,在淘汰400多种包装后,理想国创始人蒋锋也崩溃了,而老边却最终设计出让众人眼前一亮的"靠上酒"。然后三人开始寻找社会活动家来参与产品推广。

随后越来越多的人开始加入其中,有社会活动家陈磊、酒水行业研究者欧阳千里、传媒人贾树滨……

图3-38 靠上酒优秀合伙人代表(贾树滨)

时间截止到2014年9月10日,靠上酒的明星团队雏形完备。

靠上酒,一瓶靠谱不坑爹的纯粮酒。感谢股东的努力才使她来到您的面前,感谢您的信任才使我们能够做得更好。

靠上酒,走进高铁展厅,走进信博会,走进韩国,走进……靠上酒,来到泰山管理学院院长马方的身边,来到节目主持人小虫的身边,如今来到您身边,还会来到……

第二部分 靠上酒项目阶段效果及影响力

济南阁老贡酒业与互联网社群"理想国"共同推出的互联网白酒靠上酒是中国酒业互联网众筹概念的实践者,上市至今四个月的时间里,累计销量已达5万瓶。

销售火爆的同时,靠上酒也在积极推进线下体验馆的建设项目。2015年1月17

日,靠上酒青岛O2O体验馆(创品公社)正式营业。

一、靠上酒青岛O2O体验馆

靠上酒青岛O2O体验馆不仅是靠上酒在青岛的物流仓储基地和配送中心,还将对靠上酒进行全方位的展示及必要的品鉴,并成为青岛互联网人士聚会交流的场所。

据胡锡虎介绍,目前,靠上酒有两家O2O体验馆已经正式营业,一家是济南的理想国,另一家就是创品公社,位于聊城的O2O体验馆已经签约,尚未正式营业,此外,靠上酒已与店小一、乐农优选等本地电商平台达成销售合作。

谈到体验馆的发展规划,胡锡虎透露,未来目标是在山东省十七地市都能有靠上酒的体验馆。

事实上,经过一段时间的运作,靠上酒团队已经开始寻求更广阔的市场空间。据悉,靠上酒将依托海尔的社群来进行部分省外市场的运作并考虑利用风投资金优势来撬动更大的市场,靠上酒会送出一万箱甚至更多的定制酒回馈酒友。除此之外,还将积极寻求与1919酒类直供等大型酒类电商平台的合作,推出新品"玫瑰酒"。

"我们后期会开发更具特色的'玫瑰酒',来与更多的朋友一起挣钱,可能会与各大电商合作,最有可能的是1919酒类直供,因为杨陵江很喜欢这个玫瑰酒的样酒。"胡锡虎如是说。

二、靠上酒大事记

3月12日,主营互联网白酒靠上酒的靠上电子商务公司首届合伙人大会在济南海本空间设计师事务所圆满落下帷幕。据悉,本次合伙人大会由合伙人马可主持,靠上酒创始人胡锡虎作为主讲。此次会议回顾了靠上酒发展进程,总结发展过程的经验与不足,并详细阐述了合伙人的权利与义务,会议最后推举出以贾树滨、叶新文、薛德生、姚远及郑新等为代表的股权股东代表。

2014年9月19日,靠上酒在济南社交达人及媒体朋友中开展内测,提出36.5°靠酒为36.5元,60°上酒为60元,开创白酒以度数定价的先河。

……

2014年10月9日,济南首轮众筹截止,筹集股东40人,金额为215000元,众筹时间为1个月,目标2000瓶。

……

2014年11月10日,济南首轮众筹结束,靠酒销售4176瓶,上酒653瓶,每股收益为31.1元。

……

2014年11月17日,济南二轮众筹截止,筹集股东69人,金额为722000元,众筹时间为2个月,目标30000瓶。

……

2014年1月22日,青岛首轮众筹截止,筹集股东69人,金额为422000元,众筹时间为1个月,目标为2000瓶。

……

2014年2月18日,济南二轮众筹结束,靠酒销售23293瓶,上酒销售6788瓶,其他酒241瓶,每股收益为70元。

……

2014年2月22日,青岛首轮众筹结束,靠上酒共计销售5278瓶,每股收益为50.6元。

……

聊城、济宁、潍坊、北京、广州、武汉、杭州、唐山、合肥、乌兰察布等社群建立。

三、靠上电子商务公司股权众筹,众筹股东变身"合伙人"

在本次会议中,靠上酒创始人胡锡虎反复强调的一个词,就是"合伙人",即靠上电子商务有限公司股权所有者。

据胡锡虎介绍,靠上酒去年9月份面市,既无品牌张力,亦无核心消费者,于是走上期权众筹之路,以筹钱为门槛进行筹人、筹智及筹资源,一期众筹40人,二期是69人,正是因为这些股东的传播、推广及销售,才使得靠上酒迅速在济南甚至是山东打开了局面。在济南二期众筹圆满结束以后,靠上酒有了一定的品牌力和消费基础,适时地在众筹股东中挑选合适的人成为合伙人,当然也邀请了部分资源强劲的人参与其中。合伙人,不但能够享受到众筹目标的收益和年底分红,还会根据销售目标或推广业绩给予奖励,最终会享受到股权升值带来的收益。

为了进一步将靠上酒做大做强,胡锡虎认为,众筹还会持续下去,增加更多的玩法,让更多的新人参与进来,了解众筹,结交朋友,然后再挣点小钱。靠上酒的合伙人薛德生对佳酿网记者说,能成为靠上酒"合伙人"特别开心,真真正正有了归属感,前两期参与的时候,每逢众筹目标快要截止的时候,有种要被抛弃的感觉,现在不会再有了。加上自身公司就是用酒大户,参与这个项目可谓一举多得。希望通过自己的努力,可以让靠上酒更加"靠谱",股权尽快升值。

四、靠上酒已经走上"快车道"

众筹很热,靠上酒借众筹之风挣得盆满钵满。据业内人士评价,靠上酒是一款

"奇葩酒"，因为其集众筹、粉丝经济、私人定制、社群营销、C2B等热点为一身。关于靠上酒的未来会如何发展，佳酿网记者联系了酒水行业研究者、靠上酒战略顾问欧阳千里。欧阳千里认为，靠上酒从最初的不差钱到如今的真不差钱，已经走出了创业的危险期。从目前来看，靠上酒在济南、青岛、聊城、北京、武汉、唐山甚至乌兰察布等地均有了良好的消费基础，它俨然已经走上"快车道"，股东、消费者及合作伙伴会主动推着其向前发展。

靠上酒的未来需要更加规范：规范定制流程、规范公司官网、规范物流仓储、规范社群管理等；靠上酒的未来发展需要扩充品类：增加时令定制酒、增加小容量酒、增加玫瑰酒及玫瑰预调酒等；靠上酒的未来需要适量投放媒体广告，并且还要与相关酒企合作拓展省外市场。欧阳千里如是说。

靠上酒，作为众筹白酒的代表，销售业绩或许不会很快让行业震动，但它以小搏大的运作方式及思维却逐渐震撼着"传统"酒业。

走上2015年春晚的微店明星炼成记

文/伍月　微信/meitu999

图3-39　2015春晚微店明星伍月

我是伍月，因为一篇帖子《我是北漂的90后，微店让我有梦可以做！》让很多朋友关注到我，非常感谢支持我给我留言加油打气的各位小伙伴，还有很多加微信想咨询有关微店的各种问题，这可能是新手卖家最最关心的一个话题。我整理了一下，也在思考应该怎么回复大家会对你们更好。因为论坛里有很多大咖的成功案例都是非常值得学习的，还有很多官方出的专业性的帖子，我觉得我没有必要再重复太多，大家都可以去搜索学习。所以在这里，我想更多的是分享一下从我开始接触微店，和微店密切相关的一些东西吧。

我说过我之前完全没有任何网店的经验，而且惭愧的是我还没有你们聪明，自己从来不上论坛学习，就是这样一点点误打误撞地走到现在。

在分享之前我想讲一下自己觉得最最关键的东西：做任何事情都一定要有耐性、耐心，忌急功近利，磨刀不误砍柴工。举个最简单的例子，如果你看到这里就开始着急为什么我还没开始讲干货，那么你就可以考虑跳过这篇文章去看点别的了。

这是我的座右铭之一：

图 3-40

　　刚下载到微店后我觉得这个好像蛮好玩，简易又方便操作，无需电脑，我想着要不玩一玩吧。下载后点击里面的各个板块、各个分类看一看，熟悉一下操作方式，熟悉微店这个软件，这可是你未来想要一展身手的一个平台，你不认识它，它也不会认识你。

　　然后就是货源的一个路程，我比较死脑筋，走了很长的一段路考察市场，去了解，去比较，为此还特地从北京飞了浙江义乌和杭州，也是这样才凑巧又幸运地参加了商学院的杭州站，如果我不是去考察市场，我就错过了杭州站，错过了认识那么多优秀的商家的机会。所以，我是幸运的，我的用心给我带来了收获。

　　在货源之前可能关系到产品的定位，这里我的看法比较不一样。我属于坚持做自己看好的东西，而不是大家认为比较大众化、比较好赚钱的东西。我不喜欢千篇一律，我喜欢独特、个性、与众不同。就比如我选择微店的时候我认识的朋友里是没有的，有的甚至建议我做别的网店，我说我看好微店，朋友说那你看好就行。因为我比较有主见，比较坚持自己所选的东西。我选择做我的民族元素生活馆，朋友们说穿这个的好少，你为什么不做大家平时都穿的，我们买衣服都可以找你，这样不是更好更容易吗？我知道那样会容易很多，可是我不乐意。我只选择自己喜欢的，这是我坚持的首要因素，累了苦了我觉得有意义。这是我最重要的一个出发点。

图 3-41

看到论坛里面朋友的留言提问，最多的问题就是：我是新手，货源怎么办？我微店开了好几个月了，一共才出三五单，有的甚至没开张，到底你是怎么推广的？我刚开店，应该怎么做？如果你真的有用心在论坛里面学习，我觉得这些问题应该不算大问题，但是既然再问到我，我只能分享一下我的个人做法了。

刚开业的第一天，我分享了店铺链接到朋友圈，我比较好运气，第一天接了三单，卖了两条毛巾，四双拖鞋。(是不是想问你不是弄的民族风特色，怎么变成小商品了？这个问题后面再探讨) 那么东西谁买的？当然是我的朋友。当时我特别开心和感动，觉得自己得到了身边朋友的支持，我还记得自己突然看见第一笔订单的时候，那叫一个开心啊，没错，就是跳起来乐的画面，你们可以脑补一下，哈哈。而且更加感动的是开业后我的朋友们都陆陆续续地转发我的店铺链接分享给她们的朋友，这样让我得到了更多的关注。这样说来我首先采用的推广方式就是我的朋友圈。关于分享朋友圈的技巧已经有很多了，大家自己去找，反正刷屏是我万分反感的，一般只要有人直接连发三条产品信息，我就直接屏蔽掉。

从一开始经营微店，我最新上架的就是各种居家小饰品和宜家代购。走的就是薄利多销，冲等级的路线，而不是急于赚钱。所有的产品全部都是我自拍上图，自己编辑文案，现在看起来感觉很菜鸟，但是那时候就是想一点一点自己去做好。关于宜家的产品就不用说了，全部是自己在宜家跑了好几次，每个商品咔咔咔一顿偷拍，还总是怕工作人员来抓我。这些东西最贵的几十，最便宜的一块五一个的小瓷碗，去过宜家的应该都知道。后面我的衣服拍照难度就更大了，各种问题让我心塞。我的成绩就是朋友们都觉得我真的好用心（可能说我笨的人没有告诉我吧，嘿嘿），她们都主动买我的东西，有些朋友都是基本一年不说几句话的也过来帮衬。而且一买就是好多种，便宜实用嘛，当然，肯定有对我的照顾之意，这些感激我都铭记于心。

刚开始的实拍产品：

那么刚开始我赚钱了吗？当然会赚了，但是不多。因为我清楚那时候我要的是什么。当我到了将近两颗钻的时候，我开始重新规划自己的路线了。我的民族风，熟悉我的朋友并不会觉得吃惊，因为这是我想过好久的了，这点再回到了选择自己喜欢的东西了，也是我最初的梦想啊。这时候我的兴趣开始越来越浓了。

当我正式开始向外去推广是上个月参加的买家版动态，拿去的图片是我的自拍图，实物展示。我尽量想让自己完善一些，有亲和力一些，所以还是坚持自己拍

图3-42

图，自己穿版。上完买家版首页后，收藏量上涨得很快，也是在那之后第一次开始有陌生客户买单，而且是最贵的一件三百多的衣服，那种感觉你们懂的。而且从那开始，朋友们也都更加挺我支持我，都会告诉身边的人我的进步，去宣传我的东西，越来越多人主动关注我的店铺，觉得我越来越用心，我自拍，也帮朋友拍，一天一天慢慢进步。

图3-43

朋友也告诉我一定要坚持，说看好我。很多时候，这些鼓励和支持的话成了我很强力的定心丸。从买家版首页之后，我的销量和收藏都明显有快速的上升。缓缓的每天都会有订单，这种订单和朋友圈的意义是不同的，这是我一开始就追求的朋友圈以外的流量。订单不多，但是我觉得这是个非常好的开始。

图3-44

我想特别说明的是在新手中可能感觉我的等级很牛，其实在我的圈子里只是个小虾米。我弄微店的过程其实是很缓慢的，而且费了很多心思和体力的。所以我更想分享给大家的是关于用心和坚持。我是个慢性子，前几个月我从来没有考虑推广，一直埋头苦干优化店铺，在我们学习群里听各个大咖讲课，听她们的分享，学习好的东西。曾经我有过一筹莫展的时候，我也有过几天不接单子的时候，我急的时候也脆弱啊，你们大多是兼职，我可是全职啊。我着急上火的时候也是朋友或者其他商家朋友安慰我，让我淡定，让我空余时间好好修炼内功，优化自己的东西，做好自己的产品。在圈子里有很多成功的案例，很好的口碑，很好的产品，我们都坚信"酒香不怕巷子深""金杯银杯不如老百姓的口碑"，做到这一步你就真的很牛很牛了，那就是真的在用产品说话了，也就是说东西好了，销路都会来找你了。所以这是我的目标，希望你们也可以奔着这个方向去发展吧。

小伙伴们可能看到的分享特别多，各种各样的案例你们可能也会迷糊。我的建议是多看多学，结合自己的环境，然后找到最适合自己的那条路，自己也最想走的那条路，然后去坚持，去用心，就一定会有成绩。因为这几个月我比较拼，好些其他朋友认可我的能力后有些别的项目想让我也参与进去，说我弄肯定没有问题，也有朋友说你这么用心，做什么不会成功呢？我很感恩他们的认可，但是我还是喜欢做我选择的这件事，这是我的乐趣所在，我的产品，都是我心爱的宝贝，看着它们我都能乐哈哈，我喜欢这种感觉。

最后我最想告诫小伙伴的就是：越努力，越幸运。共勉吧。一起加油，一起进步。

青青菜园　微信送菜

文 / 雨铃霖　　微信 /myqqcy

图 3-45　青青菜园案例入选2014"微信公开课"

就如大家看到的画面一样，我们是一个非常"接地气"的项目——微信送菜！

和许多"高大上"的企业家们思考的角度不同，微信公众平台在我们眼里的机会，是将会创造大量的基于微信公众平台的草根创业者。

为什么这么说呢？我想主要的原因还是互联网电子商务的趋势从pc端向移动端的转移，而带来了大量的用户购买习惯的改变。特别是基于社交的微信，可以说是移动互联网距离人最近的平台，它切切实实地给用户带来网络购物的便利。

当楼下传统的便利店阿姨都开通了微信公众账号，和我们说"你关注一下我们的微信，要什么我们给你送上来"的时候，我们感到微信浪潮扑面而来。

相比多数的大企业们仅仅把微信平台作为推广的延伸、渠道的延伸或是增值服务，我们的青青菜园则是完全基于微信平台上的事业，微信公众号就是我们的全部，我们的主要工作就是运营公众号、培养用户、服务用户、促进交易，就这么简单。

接下来向大家讲一讲青青菜园项目的来源，去年的8月份到10月份为期两个月的时间里面，我们在深圳的科技园做过一项"针对白领晚餐状况"的调查——白领们忙碌了一天回家之后，是如何对待自己的晚餐的，两个多月的时间问卷调查了5000多人。在我们的交流中，我们发觉大部分的白领——特别是有伴侣的白领们，非常希望下班后能回家吃上一份自己做的爱吃的菜，但苦于下班太晚，时间上也来不及，不得已到外面吃快餐，如果有人能提供机会，让她们下班之后能够方便地炒个自己爱吃的菜，她们是非常乐意的。

有了这样的需求，那么，青青菜园的微信送菜项目就应运而生，项目的服务人群就是白领,特别是科技公司,下班比较晚的白领,青青菜园的服务宗旨就是:"为繁忙的都市白领提供方便和健康的晚餐。"

在渠道选择上,我们认为,当前没有任何一个电子商务平台比微信公众平台更适合我们的了,因为微信是基于社交的平台,也是每一个人网络身份的象征。

我们运用微信提供的高级接口开发了微信下单系统,运用到的主要接口是:菜单、获取用户信息、客服接口以及微信支付。微信安全支付能够让用户便捷地完成从菜品选择到支付完成的整个闭环体验。

下面就向大家介绍商业流程的第一步——用户用微信便捷下单:

大家看到的画面就是我们微信下单系统的截图,在系统开发上,我们参照微信的设计理念,抓住用户几个最核心的需求,风格简约,体验迅速便捷,让用户没有压力地在微信上完成整个购买体验。

大家看到,用户从选择菜品到微信支付完成到订单OK只需要点击4步,非常便捷,而且由于采用单页面开发方案,用户体验特别迅速。

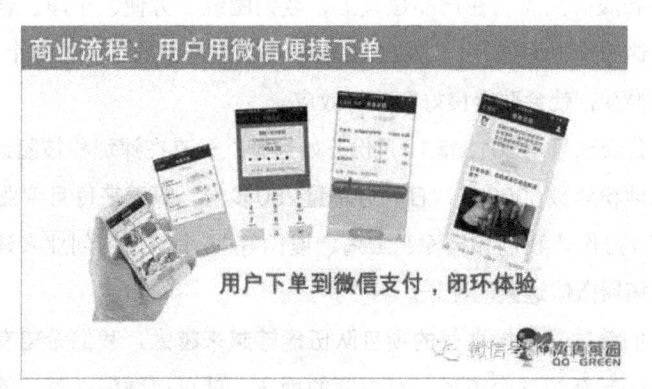

图 3-46

画面上第5张截图需要特别说明一下,就是我们运用客服接口做了"订单状态通知"功能,这个功能很重要,因为我们做过一个调查,很多用户愿意用电话下单,不愿意用微信下单,主要一个原因就是感觉在和机器打交道,没安全感,担心自己下的单商家看不到。所以我们一定要在各个环节告诉用户订单状态,同时利用多客服助手实时和用户沟通,增强用户安全感。

订单状态通知功能的逻辑就是:当用户下单OK后,系统会给用户发个微信,告诉她订单已经被受理;当商品配送出去后,我们在后台点击"已配送"按钮,系统会给用户发一个"商品已经在途中"的这么一个图文,告诉用户她的菜品已经在途中。

这样,用户就会感觉到她下了单,后台有一班人给她忙活着,她很清楚订单的整个过程,很有安全感。

用户在微信上下单之后,我们就进入实体操作环节:为她精选食材、为她洗好、切好、依据菜谱配好。同时,附上一份精致的菜谱,送到用户办公室,让她下班回家,炒一炒就吃。

本地化运营,最重要的就是经营口碑效应。我们认为:任何项目,核心产品和服务是第一位的,核心产品和服务做不好,渠道再好、宣传再好,也是昙花一现,生命力会很短暂。

同时,基于社交的微信平台,用户口碑宣传的效应也相应地更加便捷、精准和高效,传统的口碑效应主要是口头宣传,我告诉你我获得了什么体验,你也去尝试一下,但是,你记住才好,如果没记住,就无效了。

而人们通过微信工具来传播口碑效应,是通过"推荐给朋友""分享到朋友圈",是很精准和高效的。

我们许多新增长的用户来源与老用户的推荐,而获得用户的自发推荐完全依赖于我们的产品和服务品质,在产品建设上,我们围绕"方便、干净、合理的价格以及比较精致"这四个方面展开,这四个方面,是我们产品的轴。这四个方面做好了,用户体验就会很高,就会获得良好的口碑效应。

青青菜园公众账号从2013年10月份开始运营,一直在深圳科技园运营,到目前为止,积累本地粉丝数6000多,日均订单量250多份,算下来每月营业额稳定在10万左右。同年4月份,我们和天津、上海、厦门等15个城市的创业者建立合作,在这些城市尝试拓展微信送菜的配送。

后期,我们希望这个接地气的项目队伍能够越来越大,我们希望有更多的志同道合的创业者一起开拓这个市场,有白领的地方,就可以微信送菜。就像我们的项目很简单一样,我们的创业经验也很简单。

你若盛开 蝴蝶自来

文/吴欢 微信/nhdggddz

图3-47 微商团队领导人吴欢

接到出版编委会的通知，还是感觉到有一些意外的，因为我没有想过自己的经历在未来的某一天可以作为一个教材，姑且先不论这个教材是否正面，回首自己从做微商到微品牌创业人，这一路走来的过程，心酸和幸福都历历在目，也感谢编委会给到我这一个很好的机会，让我静下心，回头再看看这来时的路。

在做微商之前，我在世界500强企业戴尔公司里做销售，在那期间我生了我的女儿，也在她5个月的时候我重返了职场，并做起了背奶妈妈。记得当时工作压力大到不行，为了保证奶水的质量和安全，我不能随便吃工作餐，所以我都自己带餐到公司，中午大家午休的时候，而我要去给女儿准备她明天的"饭"。每天早出晚归，出门的时候女儿没醒，回来的时候她已经睡着了。我下决心辞职主要是为了女儿，记得有一次她发烧，去医院的时候不要我抱她，作为母亲，当时就一下醒悟，孩子的成长是多么需要我的陪伴！所以我就在那个时候决定我要辞职了。

2013年8月，我正式离开戴尔，也没有想接下去我要做什么，但心里一直有种感觉，离开是为了遇到更好的机会。我辞职之后在家休息了两个多月，我适应了全职妈妈的角色，也思考了许多，开始寻找在家里就能完成的工作，也不是需要赚多少钱，是不希望自己的脚步就这样放慢了。

刚开始我琢磨着开个淘宝店，我开始查各种资料，找当地货源，前后折腾了两个星期，白天带着女儿到外面考察，晚上等宝宝睡着之后开始整理店铺，但是最后我发现，淘宝要做起来那个时候已经太难了，特别是手机端不方便操作，我也不可能每天都能在电脑前守候，新开的店铺也没有什么人关注，而刷信誉是一件即费钱又费力的事儿，一些淘宝玩法需要投资不少还不一定能有效果！

无意间我用网络查资料，看到一些帖子上会留下一些微信号，记得2013年那会儿微信刚火起来，我就加了一两个看看究竟是什么样的微信，加了以后发现：哇！这就是一个淘宝店！而且无论怎么逛，都是这店铺的产品，没有别家，没有比价！我就想，别人都能这样做，我干脆也不要折腾淘宝了，做微信！

为此，我专门申请了一个工作微信号，我给店铺的产品定位是高端服装、包包、鞋子以及配饰，我还起了一个霸气的名字：女皇帝国（也一直沿用至今）。刚开始做的第二天我就想到了招代理，我也在网络上发了不少文章，在各种帖子下留言，打上自己的微信号，也在QQ空间和微博做了同步的推广，慢慢地我的微信好友数多了起来。当时的微信大家多半用于聊天、晒生活，很少有人用来当店铺用的，所以大家也蛮有好奇，每天咨询的人都在不断增加。加上我对产品品质要求严格，也有到广州去找更好的货源，对待客户和代理也很热情，服务到位，不定期还会做回馈老客户的优惠活动，很快的，我的店铺被越来越多的人关注，也有很多朋友帮忙做推荐。

记得很清楚，2013年11月25日我开始做微商，同年12月我的月收入破6000元，2014年1月破9000元，2月就破万了，3月破2万，之后就再也没有低于2万的月收入。原本我只是想打发些时间，赚点宝宝的小开销就好了，没有想到会一下就做起来。这也就印证了很火的那句话：站在风口上，猪都能飞上天！

刚开始的时候我也是一个刷屏党，后来我发现我遇到了瓶颈，回头客和代理数都在下降，并且发现有的客户把我屏蔽了，而且做微商的人越来越多，应该说是裂变式的增加！我开始反省这种销售方式的弊端，以及产品的弊端：

1. 刷屏让人反感，遭到客户屏蔽，发了等于没有效果；

2. 产品款式因个人喜好差异太大，品质要求不一，售后问题难解决；

3. 产品价格逐渐透明，代理流失速度快。

这几个问题是对我微店影响最大的三个因素，而且每天除了要回复客户代理的问题，安排收发货以外，因为要刷屏，要不停地更新店铺产品，常发到凌晨一两点才休息，这样一来，和之前工作压力不相上下，而且还没有了自己的时间，感觉也越来越疲惫，所以我迫切地觉得我一定要转型了！

2014年8月，我结识了一个护肤品牌，蛮幸运的，当时他们也才刚产品上市，正在招商阶段，我了解了一下产品以及制度之后，就决定做了这个品牌的一级经销商（当时的最高级别），因为我知道商机就是你比别人更先看到，更早行动！而且我要在最上面，这样发展自己的代理才能又快又稳定！当时投资是1.5万元左右，订了5箱面膜，也就在当天我开始发朋友圈招募代理商，但是我转变了一个方式——

产品只有一款，没法刷屏了，因为发来发去都是这一款产品，怎么办呢？我开始研究发的内容，我看一般的护肤品同行也都是各种产品一顿刷屏，突然我感受到，不论怎么刷，微店看上去就是个杂货铺！一点都不专业，一点都不高大上。我打算把微店做成专柜，全力打造微店的品牌形象。

在那之前我刚拍了一组写真，为了让客户更加信任我，我把之前的头像换了下来，用上了自己真实的照片，选来选去，我定下了一张自然又很有范儿的照片，我牵着一匹马，神情很自信。这个头像我也一直用到今天。

换上头像后，我开始整理专柜思路：专心只做一个品牌！并打造自己的人格魅力体！朋友圈的内容增加几个方面：产品图，产品介绍，客户使用反馈，代理咨询加入截图，入账截图，护肤贴士，生活点滴，分享美食和好书。而且规定自己一天就发5~8条朋友圈，不能一个时间段狂发刷屏。

我的这一转变给我带来不小的成效，5箱面膜刚到货就卖出了3箱！代理数一下就有了10人，而且每天都有大量的人来问产品，咨询代理。开始我对代理还是一对一地进行跟进和辅导，后来我把代理建群做统一管理，制定好群规，在群里大家可以互相交流，也结交了朋友，这样反而增加了代理的黏合度！就这样，我的代理数直线上升，每天都有新人加入，我开始每周给代理们培训，我的收入在此时也直逼6位数了！在2014年11月的首届经销商大会上，我的团队也被评为优秀经销团队，还接受了湖南台记者的采访。

写到这里，应该说，做微商给我带来的改变真的很大，让我主动学习了很多，要做好一件事情，最怕"认真"二字，当你专注它的时候，当你想要把它做好的时候，你会发现整个宇宙都在帮你，都愿意去等你。因为微商我也结识了全国各地的朋友，他们亲切地喊我老大，私下里我们成为了闺密，聊宝宝，聊梦想。

让我感觉最幸运的是，在这期间，我认识了现在和我一起创业的合伙人Amanda，一个有思想的气质型美女，就职于厦门某知名五星级酒店的传媒部经理，拥有7年酒店PR资深经验。我们俩的结识很有缘分，是在一场互联网论坛上，关键是我们俩在头发护理上有很多共同话题，并且我们都爱看书，爱生活，爱分享，也注重自己身心灵方面的修行，真是相聊甚欢，相见恨晚！也是那一次交流，为我们今后的合作奠定了基础。

其实在我思考微商转型的同时，我也想过自己做一个微品牌，但由于当时的资源不完善，所以一直在收集资料，也在观察行情，在结识Amanda之后，我就有了做洗护产品的念头！因为当下面膜品牌已经多到泛滥了，加上我们在护发上的共鸣，还有一些共同的痛苦经历，比如头发没光泽，脱发严重（我是产后脱发），发尾开叉，我们在洗护产品的选择上都很注重去寻找天然的有机的产品，因为坚持用下来真的改善很多。但郁闷的是，这些产品基本都是国外品牌，我们国内还没有一款百分百纯有机的洗护品牌！而且这种天然的安全的有机产品，对于备孕妈妈和已经是妈妈的女性来说更加显得必要！我们想做一款中国人自己的纯有机洗护产品，也想帮助更多的女性，在备孕的道路上更加安全和放松，为产后妈妈们解决产后脱发的痛苦，所以最后我和Amanda决定一起创业！

图3-48 吴欢在电视台录制现场

接下来就是我们的创业故事，2014年11月，我们的项目提议很棒，很快就找到了投资方，我们本着一贯以来的严谨和认真，从每一个细节去考虑，甚至跑了很多个国家去寻找能让我们很直观地看到原料的生长环境和制作流程的合作厂方，花了近两个月的时间，不断地筛选和考核，最后我们很幸运地在风光旖旎的意大利找到了一片20公顷的有机农庄！在产品的研发上，我们邀请了意大利专业实验中心针对亚洲人士研发了新配方，并在意大利生产和灌装，相比一般国外产品，我们的更具针对性！

现在，我们把一切目光聚焦在产品上，做到极致，只为了献给最值得拥有的那个你，那个自己，这也是我们的创业初心。记得多少个白天，我们和设计师沟通logo，沟通产品设计方案，不断地推翻再修改；多少个夜晚，我和Amanda彻夜商讨推广方案，但都不觉得累。在这期间，我们还不断参加各种学习，龚焱老师、李善友老师、龚文祥老师等，他们的课程我们都不落下，我们也邀请公司的小伙伴们一起来学习，我们一边吸收最前沿的资讯，一边思考着我们的方向。团队一条心，才能走到底。

现在回想起自己当初离开职场，无意间的一个念头做了微商，一年左右做到百万微商，再从一名百万微商，做到现在的微品牌创业者，每一个身份的转变都让自己到达一个新的高度。很感谢自己的这份坚持，坚持努力做更好的自己，坚持不断地学习、不断地清理负面的能量。有一句话：你若盛开，蝴蝶自来，你若精彩，天自安排。创业的道路还在继续，我们也还会改变，依然不断地朝着更好的方向变。

加油！以此共勉！

用新媒体做餐饮

文/道爱　微信/18666990272

图3-49 "去哪吃-饭美了"项目负责人道爱

2014年，以微信为带头大哥的新媒体工具席卷了整个行业。当"微商"这一新词频频出现在人们的朋友圈中的时候，各种以"微"开头的名词重新洗刷了中国整个商业界的头条。

同时，有一个传统得不能再传统的行业——餐饮业却在2014年因为移动互联网而甚嚣尘上。"雕爷牛腩""黄太吉""西少爷肉夹馍"这些名词频繁出现在互联网当中，在微信、微博的刷屏互动中纷纷抢夺人们的眼球。一个个互联网餐饮品牌纷纷扎堆出现，颠覆了人们对传统行业的价值观。

2015年，互联网行业人士纷纷看到一个巨大的机会，那就是传统行业的餐饮业。餐饮业这个和人们息息相关的行业，貌似突然间爆发了新的生机和生命力。当下最时尚的名词就是"O2O"，而餐饮业这一传统行业是最容易和"O2O"结合的。因此所谓"餐饮O2O"这一类别就此诞生，引发了餐饮江湖的一场恶战。

新媒体营销是什么？和餐饮O2O又有什么关系？这一新时代的命题需要由新一代的互联网居民们来解答。

新一代的互联网居民有别于传统的互联网居民。新一代的互联网居民是以智能手机、平板电脑为代表的移动设备互联网。在大街上、厕所里、公交车上无处不在的低头族可以看到新一代"移动互联网居民"的诞生。伴随着微信、微博、陌陌等社交工具的普及,越来越多的人开始成为"移动互联网居民"的原住民。同时传统商家也在依靠着这一系列的社交工具展开"用户争夺战"!为什么是用户,而不是顾客?这就是移动互联时代和传统商业时代最大的区别。

图3-50

传统的商业里,更多地把消费者定义为顾客。而顾客顾名思义是"光顾店面的客人"。而在移动互联网行业当中,把使用你产品、服务的人定义为"用户"。"用户"这一重新定义是一个伟大的革新,会改写整个传统行业的架构模式。

我们可以看到,当各个行业都把微信、微博纳入到自己的宣传渠道的时候,各种微信培训应运而生。而餐饮行业更是把微信定位加人作为主要的工作。殊不知这是大错特错的行为。因为,以微信为代表的新媒体营销是一把双刃剑,能拉来人,也能伤着拉来的人。归根结底餐饮行业的新媒体运营,就是运营餐厅的"用户"。

我是从事餐饮行业新媒体营销的道爱(网名),我专注于餐饮行业的新媒体营销。在我运营的连锁餐饮品牌当中就把"用户"这一定义植入到我们运营的传统餐饮品牌当中。

在我们的餐饮品牌当中,把所有的进店、未进店的"顾客"全部定义为"用户"。因为"用户"一词,能够充分表现传统餐饮行业在移动互联网时代的"顾客"。

核心的关键点:"用户"是不断使用你产品、服务的人。

如何经营你的"用户"呢?

一个大战略:"品类推广"转变为"大品牌推广"。

我们认为,传统的餐饮行业大部分都是等顾客上门,很少有主动去找顾客、引顾客的营销活动。大多是根据节日进行传统的促销活动，很少有把自己的品牌当作营销的产品进行推广的。而我们对自有品牌"新豆苑""趋味""去那儿"这三个不同模式的品牌，进行"大品牌"战略的推广。

两个核心思维：

一、每个用户都和我们一样是我们品牌、产品的"用户"

如果我们的产品、服务、环境我们自己都不喜欢、不快乐，我们的用户喜欢吗？快乐吗？所以打造自己独有的核心菜品、不断迭代的服务、环境，才能真正让我们和用户一样喜欢、快乐！

二、每个细胞都有"互联网思维"基因

把互联网思维的九把大刀因地制宜地使用在自己身上。从无形的品牌、思维、价值观，到餐厅的开业、运营等各个方面都融入互联网思维，才能真正在未来互联网时代站住脚跟。比如新店开业我们需要先测试产品、环境、服务等多个方面的细节，就要以用户思维、参与思维去做活动、搞促销。开业前夕进行产品内测，把最好的定型产品在正式开业时期奉献给顾客。

一套核心策略：

一、给用户打造一种玩趣时尚的生活方式

90后的消费者需要的新鲜感的东西才能吸引到他们，他们这代人需要认同感和存在感，不知道何去何从，不知道自己的未来是什么样。我们需要塑造一个他们想要的生活方式。这个生活方式才是他们最终的归宿。而我们的"大品牌"就是给他们认同感和存在感。

二、制定一套玩趣时尚的指导"路线图"

有了目标，就要有达到目标的路径。要不任何人都没有成就感，没有希望。我们需要给他们一套可以进阶的路线。在餐厅的经营当中设定达到目标的路线，我们才能带着他们玩，带着他们成长，最后实现我们共同的目标和生活方式。

三、标明"路线图"上的每个坐标，随时让用户检视已经到了哪里。

设定坐标，让他们明白自己在哪里或者已经到了哪里，还有多远才能到目的地。人都会盲从，不知道自己现在在哪里，帮助他们找到自己，找到自己的位置，他们才能明白继续往哪里走。同时没到一个阶段，我们要奖励他、鼓励他。最终我们能一起成长，一同进步，一起达到理想的生活状态。

一套闭环战术：

一、"等客"→"引客"

转变等客做促销的方式，通过新媒体工具把用户引进来，建立初步的联系。

微信引流、微博引流、QQ引流等。

二、"引客"→"养客"

用户被我们引到了我们的鱼塘，我们就要与他们互动、给福利，把用户养起来。

微信群、微信公众平台、社区等。

三、"养客"→"吸客"

养好的用户要进行变现，到店就餐就是更加重要的互动方式。餐厅饭菜好吃、环境品位高端，自然而然会吸引用户不断地来消费，不断地与我们互动。把顾客吸引住就是我们的目标。

微信支付、团购支付、新菜品鉴、店面互动的游戏、店面促销方式、充值卡等。

四、"吸客"→"传客"

用户对我们店和品牌的认同会为我们进行口碑的传播，当口碑传播成为一种常态，我们就进入了良性循环，会给我们带来更大的利益。

微信朋友圈分享、微博转发等。

五、"传客"→"等客"

随着口碑的宣传，会有更多的用户享用我们的产品和服务，那我们就自动等用户来店体验把！

一个营销阵地：

移动互联网（微信、微博、陌陌、社群）

移动互联网生活要和线下生活结合在一起，但是我们的主要战场是移动端。占领移动端用户的内心，是我们的主要工作。

一场持续的战役：

用户黏性战

一个用户吃饭会有多种需求，中餐可以吃，火锅可以吃，路边小摊同时也可以吃，那么打造用户的黏性，让我们的用户更喜欢我们就需要我们持续不断地投入。任何一个阶段性的工作都是徒劳的，因为最终有下一个餐厅等着他们。

当把新媒体的工具融入到餐饮行业这个江湖后，就如一把屠龙宝刀把潜在的用户不断细分、不断切割。知道哪块肉不能吃，哪块肉最好吃，哪块肉怎么做好吃，这样属于你的粉丝自然会找到你，喜欢你，爱上你。

王晨的创业故事：
创业是一场自我救赎，它让我遇见更好的自己

文/王晨　微信/tracwan

图3-51　幸福力妈妈创始人王晨

2013年到2015年是我成长最快的两年时间，因为我选择了创业。先分享一点创业两年的心路历程，因为成长远比成功重要，成功只是成长的附属品。

第一次创业

2009年，我大学毕业。当很多同学还在找工作找方向经历各种面试的时候，我已经因为毕业实习出色的表现，提前拥有了一份五星级酒店市场传媒主任的工作。我相信人生的每一步都是为你自己最终的那个梦想做准备的，5年时间在喜达屋、泛太平洋这些优秀的国际酒店管理集团，我学习到了非常棒的品牌架构，建立了美学认识、市场观察及项目活动策划的能力，也认识了非常多优秀的朋友。

2013年，我正式从酒店辞职，结束了我的PR生涯，和朋友开始在餐饮行业这片红海中创业，将她运营了近两年的意大利餐厅改造成连锁品牌，预计在一年之内要做到30家连锁门店。为此我们建立了完善的公司体系、配送中心体系，同时也埋下

了失败的种子。对自身认识不够客观，对行业了解不够深入，对餐厅运营不够专业，营销不够落地，这些给了我们非常大的经验教训。因为这次创业的失败，让我明白仅有一番热爱的创业是不成熟的，我选择了退出。但我感谢我的合伙人如今依旧坚持着我们的美食梦想。

第一次接触微商

第一次创业失败后，我开始了大量的学习，包括大量读书，有目的地选择课程去充实自己，等待下一次机会。二十几岁的时候，千万不要花精力和时间去犹豫和纠结什么选择是最好的，因为没有人知道。有想法就大胆地去尝试：感受不同的生活，多尝试工作类型，多读书，多旅行，多谈恋爱，多结交朋友，把这些该交的学费都交了。

2014年10月19日，那是我第一次接触到互联网这个产业，一家厦门知名的互联网公司请我去做他们的媒体公关，聊完的结果是接手了一个近20人的微商项目团队。事实上，当时的我非常排斥微商，一个月后，我放弃了这个项目。但是这一个月的经历开启了我的视野，对于我来说，那是我从来未曾到过的地方，还是感谢自己的好奇心和学习的行动力，我开始了将近半年对移动互联网、微商行业、社群经济的了解学习。不可否认，这个行业是目前最朝阳、发展最快、机会最多的行业，但同时也是最浮躁的行业。在这两年的沉淀过程中，我对自己生命的意义以及未来想做的事情和想过的生活越发清晰。其中一个便是创造一个伟大的商业，以此来给社会带来我想要的改变。所以我选择了微商。

前面的文字是前情提要，也是我为什么会用接下来提到的方式做微商的原因。

我的微商之路：

正确的心态：

微商其实是一个很棒的世界，它有着很多特质，特别是人与人之间的强关系，开始令个人的分享、观点更加直接和具有传播力，从0到1积累的过程非常令人难忘。但是现在绝大多数微商做的事情甚至是培训，都是在教代理如何发财，如何短时间里创造一个财富的奇迹。这个行业太多人蠢蠢欲动，很多微商项目并不是想着如何把产品做好，创造被市场认可的价值，而是拼命琢磨如何做出"好看"的数据。每个人拼命往前冲，急着想要成功，因为"成功"这个词听上去非常美好，让人着迷。

因为做传统行业出生，也对商业模式有着自己多年的沉淀理解，一个好的微商、优秀的微商必须有良好的心态，这种心态决定着是一时的投机，还是长久的创业。

图3-52

产品的选择：

一开始，我便确定选择的产品必须是品牌，这里的品牌并不是大牌或者传统渠道商的微商产品。可以理解为"自品牌"，或者说这个产品具有成为品牌的特质。如果是成熟品牌产品，除了在影响力上有助于销售，其他方面并没有太突出的作用。这也是我选择植来植往面膜的原因。首先它是微商品类中最被认可的化妆品类，从包装上，不同于大多数粗制滥造的设计出品，它的整个包装第一眼非常清新舒服，注重设计细节，包装材质选择的还是环保材质。产品定位清楚简单，温和的植物面膜，这个也是吸引我的地方，没有快速见效的传说，就是好好地做好一片面膜应该做好的事情。传达的产品内涵记忆点很深：你的美是你内心的向往。这一切都具备成为一个品牌的先天条件，这样的微商产品是最好做粉丝的，而粉丝比起客户或者用户来说，对于微商的生存发展，是非常关键的。

销售方式：

因为有做传统行业的积累，我并没有把发展代理作为我的微商之道，反而是将我在传统行业市场方面的积累用在微商的运营当中。没错，重点就是运营两个字，很多人都说2015年是微商的拐点，这个拐点就是单凭刷朋友圈是卖不动产品的。用户数据的分析，产品系列的消耗反馈，节点活动的策划这些传统特别是零售的运营方式我在做微商的时候继续用，并且发现非常好用。

团队人员的挑选：

我的团队人数不多，目前也才10个人，小而美小而精，是我喜欢和追求的。即使是做微商，团队人员也要有同样的价值观：分享精神，服务精神，专业精神。

我会根据她们每个人的特点为她们制订市场计划，鼓励她们制订自己每个月的销售目标和销售计划。同时我会要求她们重视朋友圈的经营，不刷屏，只是真实地展示自己的生活、自己对产品的分享，我也会要求她们注意细节，比如图片文字的呈现，比如每一次客户的产品体验过程。定期为代理做有价值的成长式的培训。比如邀请销售精英做专业培训，邀请一些领域的意见领袖，例如行动派创始人琦琦来做分享。一段时间下来，团队能量都非常内收，因为要分享好的内容给外界，她们的阅读也好，学习时间也好，都有非常大的提高，而所有我们服务的客户，也会感受到不一样的微商气息。做微商的人和产品一样重要，都必须品牌化。目前我的团队的业绩并不能和一些非常厉害的行业翘楚相比，但我会给我自己、给团队时间去成长，就像我分享一开始说到的，成长比成功更重要。

自媒体的搭建：

对于做微商是否一定要做自媒体，这个我觉得因人而异，因产品而异。但是有一点我是推崇的，那就是让自己变得更有价值，然后这个价值让更多人知道甚至是受益，去吸引到同频率的读者、合伙人。我的公众号并没有进行任何刻意的推广，只是通过自己的朋友圈转发，第二篇时，阅读量就已经破千，粉丝每天的增长量也在翻倍。我的团队代理里，就有通过我的微博、微信公众号关注我加到我，最后成为我的事业伙伴的。

因为团队成员都是女性，所以我也有一个愿望，我希望自己还有和我一起共事的所有女性，都能随着内在世界越来越丰富和宁静，自己越来越认可和欣赏自己。人生是个漫长的过程，让自己优秀和成为更好的自己才是一个人需要花时间关注的，物质的成功只不过是优秀之后的副产品。也许成功有时会有外界因素的影响，那么优秀是我们自己可以控制的。

创业就是这个可以重塑自己，让自己变得更好的过程。在我看来，这也是女性创业的最大意义所在。

荣归故里，衣锦还乡

文/陈毓　微信13584888334

图3-53　德泽微特产团队

很多时候，你会发现身边不少人在频繁地跳槽，总觉得身心不定，干什么都会浅尝辄止。这里面其实分为两种人：一种人天天晃晃悠悠，好吃懒做，根本没有上进心；还有一种人每天都焦急地在找寻着什么，却一直没有找到一条属于自己的路，一份能让自己全身心扑在上面、不眠不休的事业。看这本书的朋友，我相信大部分属于后者吧；人生在于折腾，不要让暂时的挫折阻碍你前行的脚步，你只是还没有找到属于自己的那条路！

在做德泽微特产之前，我就如上面所述：创业两年的时间里，心态浮躁，折腾了不少项目；初期靠培训挖到的第一桶金：62万，也消耗殆尽，最后不得不靠着信用卡套现过日子。

无疑，我是幸运的；在折腾的两年当中磨炼了自己的心智，积累了不少血的教训；更幸运的是，我终于找到了一条属于自己的道路，找到了骨子里那份让我悸动的事业；通过近半年踏踏实实的实践，也找到了方向，掌握了节拍。

我叫陈毓，我来自苏州太湖西山岛，很开心在4年半的煎熬和默默坚守之后，能有幸和全国创业者们做如下分享。

> 荣归故里、衣锦还乡
>
> 新的定义：一群80、90后的年轻人，带着用移动互联网思维再造家乡的精神财富，辞去在城市安稳的工作，返回家乡；用自己的智慧和汗水，为家乡代言，带领乡亲改变辛苦劳作却收入甚微的现状，达成乡亲们都能衣锦还乡的最终目的！

图3-54

10月国庆期间，臻蜜——德泽微特产首个孵化品牌项目正式立项，我们开始对全西山产量上规模的蜂农进行走访，超市、天猫、京东、淘宝了解蜂蜜市场价格体系，回家又开始恶补蜂蜜的相关专业知识，俨然成了蜂蜜的专家；最终我们通过多次排查的方式，确定了臻蜜的货源供应商。

图3-55 遍访蜂农，只为寻找最好蜜源

应是冥冥中注定，正当我们为包装设计、整体VI发愁时，遇到了海归派的美女设计师Rosa和为海外企业定制包装的马师傅，于是在3个土鳖、1只海龟没日没夜的琢磨，再加上专家的指导下，臻蜜诞生了！

图3-56

11月14日，我们召开了臻蜜的产品发布会；

11月26日，我们召开了臻蜜的发售会，以及第一批营销合伙人的招募；

图3-57

2个月不到，1021份全部售罄，不算夸张却绝对真实的一个数据；

2个月，苏州电视台连续采访报道；苏州自媒体圈持续连载……

图3-58

其实，臻蜜仅仅是一个开始，是德泽微特产用移动互联网思维孵化的第一个项目，也是我们想要实现"荣归故里、衣锦还乡"的第一步！

此处再插播一下我们赋予"荣归故里，衣锦还乡"新的定义：

一群80、90后的年轻人，带着用移动互联网思维再造家乡的精神财富，辞去在城市安稳的工作，返回家乡；用自己的智慧和汗水，为家乡代言，带领乡亲改变辛苦劳作却收入甚微的现状，达成乡亲们都能衣锦还乡的最终目的！

具体分享一些操作层面的干货之前，请大家先思考这样一个问题（尤其是也在生鲜电商领域摸索的朋友们）：农产品电商和互联网化的农产品有什么区别？哪种才真正具备互联网基因？哪种才符合电商2.0的趋势？

传统农产品电商，革命先烈已然倒下无数，活着的基本都属苟延残喘；这一类平台其实就是做了一件事情：把农产品搬到了网上销售，其他没有太大的区别。那么德泽微特产是怎么做的？什么才是互联网化的农产品？

类比一下手机，大家就明白了。三星、联想、华为、HTC等属于一派——手机电商：把手机搬到网上，借助电商平台的渠道去卖；苹果、小米、锤子、魅族属于另外一派——互联网化的手机：以打造互联网产品的思维模式去打造一款手机！

毫无疑问，德泽微特产是在按照后一种方式打造农产品，我们定位于做一个地方特色产品的品牌孵化器，那么我们为什么会选择蜂蜜作为我们打造的第一个品类呢？

农产品创业团队死伤无数，缘何？——成本预算超支、风险评估不足。农产品的客单价低、运营成本高是众所周知的事情，作为团队的创始人首先要注意的就是选品的问题，卖生鲜和卖干货完全是两个概念！创业初期无疑活下来是首要目标，生鲜类产品物流、存储都是很烧钱的事情，作为白手起家的创业团队避开生鲜才是明智之举，而蜂蜜恰恰没有难储藏、保质期短等问题！其次，仅拿苏州来说，已经有不少人在做农产品，但是基本都很LOW，以源产地直采、价格的优势来抢占市场。而德泽选择的是品牌路线，消费群体定位于高品质人群，采用自上而下、子系列的打法，带动普通大众的消费，以此避免无谓的价格战！

前面我有说过，我来自苏州太湖西山岛，西山有很多地方特产：杨梅、琵琶、板栗、银杏、太湖三白、碧螺春……哪个都比蜂蜜有名气，为什么我们会选择蜂蜜呢？稀缺性！我们做了大量的市场调查，发现蜂蜜的消费者有一个很大的痛点：花钱都买不到正宗的蜂蜜！于是，德泽微特产的处女作也就定下来了：打造一款品质优良的蜂蜜！那么我们所谓具备互联网思维的蜂蜜到底体现在哪些地方呢？

1. 品质为王。看一款产品是否具备互联网思维，有一个比较简单的方式：这款产品到底有没有解决消费者关于此品类的最大痛点！臻蜜从品控开始，我们遍访了西山所有养殖规模符合我们需求的30多位蜂农，经过口碑调查、测试比对、专业送检的方式筛选出了其中一个蜂农，作为臻蜜指定的供货商！

2. 线上线下、营销交互（存在感）。大家应该看过小米黎万强写的《参与感》，但是我们想提出来一个新的概念：存在感，其实参与感再上升一个维度，就是存在感，人们之所以参与就是为了寻求存在感，一种精神层面的消费！

在臻蜜诞生的过程当中，我们充分结合了朋友圈和互动吧，从产品需求、包装定稿到发布会，无一不让消费者融入其中，所以臻蜜其实是大家参与进来打造的产物，那么消费者又有什么理由不去消费、不去传播它呢？

臻蜜在运营的过程中其实也并非一帆风顺，团队的价值在于解决问题的能力！起初命名为臻蜜，就是想告诉大家我们的蜂蜜是真的蜂蜜，是蜂蜜中的极品；那么后来臻蜜的注册商标为什么变更为臻蜜三十九度？因为臻蜜已经被注册了，在此想提醒大家的是，在给产品命名的时候一定去查一下，商标是否被注册掉。臻蜜在遇到以上问题之后，立马做了解决方案，在"臻蜜"后加了"39°"，一来规避风险，二来增加品牌的辨识度，加深品牌印象！

产品的定价绝对是一门深不可测的学问，足够我们用一辈子去学习、实践。起初，臻蜜只有两款产品：意蜂礼盒（128元）、中蜂礼盒（228元），那么后来为什么会有标价178元的中意礼盒呢？128元的礼盒对于我们来说其实并没有什么利润，当初设定128元就是想先通过性价比的方式迅速地把臻蜜的品牌推广出去，而后通过228元的中锋礼盒来盈利！事实也验证了我们的想法，128元的臻蜜出奇的畅销，但是228元的却迟迟打不开局面，其实道理很简单，消费者不知道两者之间的区别有多大，不敢冒险！因此我们提出了一种混合装的"中意礼盒"，售价178元；这小小的措施大大拉动了消费者的购买热情，一来送礼的时候名字更好听，二来自饮的话可以有个对比；当消费者对比了两者之后，也就明白228元的中锋礼盒好在哪里了。

臻蜜在营销端也是尝试了分销商的模式，并且效果相当不错；但是我们的分销体系和面膜的模式有着本质的区别！我们没有采用面膜层层代理、压货囤货的模式，德泽微特产的分销系统只设立了一层。我们认为真正意义的、可持续发展的电商是要把利润让给终端消费者的，而不是通过层层压货的方式，把东西都卖给最后一个代理商。

臻蜜为了追求客户的体验，产品品质要求极致，但极致的体验带来的是成本的飙升，一个定制玻璃瓶加竹盖采购成本就要10元，顺丰包邮的政策也给整个项目运营带来了比较大的支出，建议初创型的团队，在创业初期做好更详尽的资金预算，钱都花在刀刃上。

特产毋庸置疑会遇到食品安全的问题，虽说臻蜜在大家的严格把控下没有出现任何质量问题或者说投诉，但是项目要做大，整体运作还需要更加规范化，自建生产线目前不现实，采用OEM应是一条不错的出路。臻蜜后来的市场反馈相当不错，复购率也很可观，只是后来没货了，地方特产的时效性导致产量的供给不足，今年我们会囤一部分蜂蜜。

售后交互是臻蜜需要大力提升的地方，消费者会给予我们最直观、最真实的市场反馈，以便我们做出调整，迎合消费者需求，去年由于人手不够导致了这一块没有做到非常好的对接，今年我们将会设专人来负责和消费者互动。

基于2014年的经验，2015年臻蜜我们会做出相关调整。其一，为了保证蜂蜜的品质，今年我们会尝试从源头做起，找人按照我们的标准和流程，为我们养蜜蜂；其二，通过2014年品牌的树立，臻蜜在礼品端的市场已经悄然打开，今年我们将开始着手大众消费的市场，通过增加容量和弱化包装的方式，提升自用的性价比。

最后呢，我想跟大家分享一下，我们对于移动互联网+农产品的一些看法。

1. 这是一个电商2.0（移动电商）真正来临的时代。先从技术层面来说：4年前智能手机就已经相对普及，但是为什么移动电商姗姗来迟？大家有没有发现去年移动端发展特别迅猛？因为4G技术的普及解决了移动电商最后一个症结：网速不给力！3年前也可以在手机端查看淘宝的产品，但是如果你没用wifi的话，打开速度非常慢，用户体验超差！

从市场环境来说：目前国内的现状是优质品奇缺，去年底发生了一件让所有国人反思的事情：国人疯抢至日本马桶盖脱销！此事件从侧面说明了一件事情，国内缺少让大众信赖的优质品。移动电商和PC电商从基因上来说是有本质区别的，PC电商的核心是性价比，满足的是购买者物质层面的需求，由此衍生出来了各大电商平台的搜索栏、导航栏；移动电商更多地和社交结合起来，社交属性的带入，无疑会增加消费者对于精神层面的消费能力，因此移动电商注定属于小而美！举个简单的例子来说，你不会因为在淘宝上买到了一个性价比比较高的东西发朋友圈来晒一下，但你会因为买到一个很有格调的产品拍个照片，晒到朋友圈！

再来看看消费理念：随着80后成为中产主力军，这个群体大学就在淘宝买东西，网购已然成为一种生活习惯，但是随着社会地位、收入的增加，他们有需求也有能力来享受高品质的生活！需求决定市场，这个节点小而美的产品将大行其道，这也是德泽选择先从特产这种天生具备稀缺性的产品切入移动电商的原因！

2. 国内农业发展拐点来临。农业每一年都是政府重点扶持的行业，只是很少有人在琢磨：扶持了那么久，为什么一直没有明显起色？移动互联网的来临将真正改变国内农业的格局，科学技术是第一生产力，行业的变革绝对和科技发展有关系！对比发达国家农业的发展历程，英联邦国家农业的发展和圈地运动以及工业革命有密不可分的关系，大面积机械化的种植，大大降低了农产品的生产成本，从而促进了农业的发展；美国是以西进运动为代表，同样受益于大面积机械化的种植！回头再来看看中国，不少区域非平原，加之人口众多，缺乏类似的种植基础；我们国家农业的发展必然和此次移动互联网的革命息息相关！缘何？刚刚上面有分析，移动电商注定有小而美的基因，那地方特产的属性恰恰符合这种逻辑，营销推广成本的大大降低，加之国内民众乡愁四起的状态，必然触发优质地方特产爆炸式的发展！

3. 生鲜电商的发展之路：

德泽微特产前期在选品方面是刻意避开生鲜领域，但是后期还是会切入生鲜领域，那么我们的战略打法是如何进行的呢？

逆向运行，就是从营销端入手，通过前期品牌的建立，掌握采购话语权，一方面可以引导农户按照我们的标准种植，另一方面我们完全可以深入上游，建立自己的标准化基地。

生鲜其实可以玩得很巧妙，如果说一味地纠结于冷链体系的建立，除非有大资金，否则必将掣肘公司的发展。那么德泽微特产会怎么来玩？很简单，结合旅游，玩采摘的概念！如今社会已经步入一个返璞归真的周期里，很多80后自幼在乡村长大，渴求归乡田野，这也就可以解释为什么每年有越来越多的小家庭或者公司会自发地跑到乡下去体验采摘、吃农家乐！这种模式于农户和消费者双方都有益：农户不用自己采了，降低了人力成本，消费者又以更低的价格体验了生活！

不知不觉已经写了很多，仅为个人浅见，欢迎大家拍砖！

最后，我想再跟大家分享一下德泽微特产到底在做一件什么事情：

德泽微特产定位的是一个地方特色产品的品牌孵化器，我们会以孵化器的方式协助有志为自己家乡贡献一份力量的你孵化一个属于你、印有你家乡印记的特产品牌。

为了追梦，世界五百强高管85后女孩放弃年薪百万

文/小集　微信13528889059

图3-59　潮泰集创始人小集

说起这个话题，不知可否算是标题党。我本来还想起名"我曾经拥有的百万年薪外企高管"。

但是好似鉴于在A与C的中间不上不下的，最后决定还是接地气地写自传吧。

说起我放弃人人挤破头想进入的外企，放弃年薪百万，放弃令人羡慕的职场生涯，毅然跟随心声，一头扎进了微商创业道路，在创业道路上，发现了各种美好，这是无法用金钱来衡量的。

我的人生进展到目前还算比较顺利，除了小时候因血小板减少差点演变成白血病见上帝之外，一路走来，好似也算平平静静，和不死必有后福也能扯上点裙带关系了。

我是个非常有自己想法的人，或者说喜欢胡思乱想，继而喜欢跟随我的胡思乱想，从而让它实现，让它变得真实、坚定。甚至一度让人以为，这件事本身就是应该这么发展的。

说起我的百万外企职涯，我一毕业没有像大多数学子一样，苦恼地找不到适合自己的工作，恰恰，我非常顺利地通过关关面试，进入了这个世界五百强连续数年排名第一的零售龙头企业。那年的愉悦和憧憬至今历历在目，依然还能感受得到那份年轻带来的憧憬和期待。

我的工作也在我的备忘录中，犹如我本人一样，跟随着工作计划，一步步地往

上爬。许多同部门前辈用了5年、6年、7年都还没到爬到的位置，我在进入到这个核心部门的第一年零两个月完成了，当然，这也已经是我为这个公司全方位服务第四年后的事情了。

当你达到一个高度的时候，真正想提升自我价值的人，就会不断地寻求各种机会让自我得到突破，而我也不例外，很显然，我的付出和努力得到了我当时上司的十分认可，而她带给我的影响，或许可算得上是深远及重要的，她是位让人无法挑剔的上司，EQ、IQ都超过120的人类。

为什么会在这里提到她？或许与她后来发生的事情让我的想法得到了重新的认识和最终选择了在微商道路上创业。

提到我的女上司，她与《穿Prada的女魔头》中的Melinda完全不一样，她是集合了情商与智商的优秀女人，能力自然不在话下，然而一次疾病也彻底改变了她，她经过漫长的化疗，最终性命得以保全。因为核心部门在长时间的抗压工作环境底下，癌症发病率很高，接连数个部门同僚都出现了病变状况，这让我们也意识到：身体才是革命的本钱。

我逐渐开始放慢我的高压工作节奏，放缓我与数字的天天打交道，不再让自己每天到半夜1点才下班，认真去体会生活的趣味，千山万里地扛起背包跨越多省当驴友，玩起手工艺品，制作起我的软陶，当看到每一个按照自己想法去实现的艺术品时，被自己所认可时，内心的充盈和动力反而来得更强烈。

我一直认为，当你不断努力、不断坚定地做一件事的时候，最终"被认可"才是使其内心更加充盈并且最直接的动力。然而，人最大的天敌是自己，当自己都能征服自己的时候，心境便会豁然开朗。

距离她患病两年后，我的女上司痊愈回来了，这时，我却选择了离开公司，离开了年薪百万的优越职场，挣脱一切束缚，只身踏入了微商领域。

离开只是开始，而不是结束。

我一直坚信，在恰当的时机、恰当的环境，一个决定就能改变大局的重要性。

很多人觉得很奇怪，微商说白了就是现实生活中的摆地摊。天天沿街摆地摊，还要怕城管，我为什么还要放弃那么好的机会一头扎进这个未知领域？

这个典故让我想起了我曾经住过的一个小区，小区街道楼下天天晚上有人摆地摊，无比热闹，很重要的一点相同，怕城管，城管来了，小商贩就跑，直到后来，有一群小商贩联合向街道办提案，希望能给更多人群制造创业机遇，给更多爱好创意创业的人士提供机会，接着，结局你们猜到了，这条街慢慢被政府接纳命名为创业文化街，从此，城管来了唯一目的就是光顾小商贩了，小商贩也从最初的摆地摊致富，招揽了更多创意人群加入这个无门槛的商业领域。

说起微商这个新型行业，在我看来，它就是一个艺术品，一个艺术品的好坏，取决于制作它的主人是什么样的人群，以什么样的心态去让它问世，得到世人的认可。

图3-60

这也就是差异化经营，也如同我与每一个代理坚持一对一的分析案例是一样的道理，不在于培训会多大，不在培训会人数多少，在于听课人群的领悟。

我属微商没被大众认可之前，中后期进入这个行业的"新人"，进入到这个领域，我第一个采取的是"慢节奏""陌生客户群体""玩转人格魅力"三因素来作为切入点。

很多人闻到微商的商机，反而做不到"慢节奏"的心态，"急"是很大一部分微商的实际心态。

或许很多人会问，你赚不到钱难道不急吗？是啊，换位思考，我赚不到我想要的利，我也会急，但是在得到这一份利之前，我会静下来想，我要怎么样，才能使其发挥更持久、长远并且稳定的收入来源，因为它作为我的工作、作为我的艺术品，我要怎么去雕刻它才能让它呈现最美状态。

很多微商人，被后浪一次次拍死在沙滩上，就是这样的道理。

我更希望去结合每个人的实际情况来作为商业切入点，让工作与生活两不冲突。

太多人还在熟人朋友圈刷屏，却质疑，你为何不买我的产品，我的产品这么好，这么棒，我还能拿到好价格，你好坏，一个产品都不跟我买！

殊不知，也许你已不在她的朋友圈队列中了。

大多数人无法理解，也不愿意接受这个观点，人与人之间，存在一个关键字"利"，这个利的解析有太多点，不一定是为了钱，不一定是为了权，但是人与人之间的初启桥梁，它就是单纯一个"利"字，她能从你这里得到什么？也如同你会问，她会不会贪我的便宜。人性是相互的。

当你学会"慢节奏"去融会关键字，运用实践来找感觉，你方能找出自己的差异化经营，接地气，才是卖货微商的本质之道。

可复制的机密，它就是公开所有人都知道的秘密。

许多卖培训课的不理解，在把直接思想卖给别人的时候，自己反而忘记了，"慢"才是最快的进化，进化了才是彻底的飞跃。

微商是没有捷径的，不管是做陌生客户群体市场，还是熟悉客户群体，两者选择带来的效应是截然不同的。

前者陌生客户群体市场：前期维护会非常辛苦，因为是0粉丝，粉丝数量在微商界是直接代表着你个人的传播速度，当你用"慢节奏"来融合，撑过前期困难期，这为你带来的效应是长远的。

而后者熟悉粉丝市场，前期维护非常容易，人们有好奇心态，在好奇心逐渐消磨时，转化率就会急速下降，这也就是为什么很多微商都提倡，要不断扩新、扩展的道理。

"透""渗""悟""动"这是我对每个客户为其实际解决方案的自我要求。

进入微商领域初期，从个人独自设计活动平面，一个人设计，制订计划，跟踪，反馈，总结。到如今第8个月，创立了属于自己的公司。由于全家人的泰籍，这一优势资源更让我专注于把泰货经营得更壮大，设立了自己的独立摄影朋，为产品找寻产品模特，团队人员更会到泰国原产地直接取景。追求卓越的我们，一个产品甚至会无数次过滤。这就是我们，一个追求卓越的团队。

今年，公司扩展了中国馆、服装馆、养生馆领域，打造全面的优质生态圈。也将与国内众多优质团队强强联手，打造专业化的微商全面生活社区。

过了微商初期暴力刷屏红利期，现在讲究精、专、美的市场。每个代理想加入我的团队的时候，我会先问她们实际面临的问题，实际周边市场情况，而不是先告诉她们加入条件是什么。

为客户着想，也为代理能达到最初进入微商的目的，这也是我不变的原则。

微商最直接的形象点就是一个"坚持"——不忘初心，方得始终。

这是千古不变的定律，因为微商传播速度很快，同样，淘汰速度也更快。

这就是这个生态圈的体现，当你无法将一件事情做到极致，无法将这件事情进行到最终点的时候，你就无法去讨论成功何来。成功者并不比我们聪明多少，但是他们的坚持毅力，却比我们多出无数倍。

2015年的微商盛世年，我依然会跟随我最初的步伐，不忘初心，极致地打造我的团队盛典。

三个爸爸净化器成功的七度密码

文/戴赛鹰 微信/13901183664

图3-61 三个爸爸儿童专用净化器创始人团队

非常荣幸有机会和大家分享三个爸爸儿童专用净化器创业的一些经验总结。大家可能听说过"三个爸爸",我们在去年创造了中国第一个千万众筹纪录。作为一个去年2月份才开始决定做的品牌,为什么能在京东众筹上线一个月就筹到1122.6万?我从中总结了移动互联网时代品牌打造的七度密码。

图3-62 三个爸爸儿童专用净化器联合创始人戴赛鹰

第一度叫聚焦度,就是说必须定位最精准的用户人群。

我们三个人的创业故事,要从个人的需求开始。我的太太是去年10月份怀孕的,海滨的太太是去年8月份怀孕的,亚楠的太太是去年生的孩子,我们一开始都是想给自己的孩子和太太买一台好的净化器，但是研究了很多净化器，还看了中关村在线的25个品牌的测评，都没能找到满意的产品。我们就去研究净化器市场存在的问题，当时净化器行业里的专家告诉我们，净化器除PM2.5效果最好的是国外品牌，能够做到出风口PM2.5是零，但是它的价格非常贵，1.48万元。至于除甲醛，实际上国内外都没有好的产品，因为国外没有甲醛，而国内的很多净化器厂家不愿意为了除甲醛技术付出太高的成本。

图3-63　出风口PM2.5显示为"0"

研究了一个多月，最后我还是被迫买了个瑞士的iqair放在我太太的卧室，然后在客厅又买了一个国产品牌，但总觉得这个事情的解决有点虎头蛇尾，所以有一次我和海滨吃饭，中间聊起了这个事儿，突然就有了自己来为孩子造一台净化器的想法。既然我们有这样的想法，那天下一定也有很多父母有着跟我们同样的经历，因此我们认为这个会有市场前景，也就决定为自己的孩子来造一台净化器。2月份有了这个决定，3月份和高榕资本的张震沟通，当时就拿到了1000万美元的投资。

大家在创业过程中可能都会有过这样的体会，就是当你获得一定的成功之后，就会有点膨胀。在拿到1000万美元的投资后，我们就觉得如果只是为孩子造一个净化器，这个市场是不是太窄了，我们是不是应该做一个广人群的净化器？后来，我们就决定做一台净化器中的小米，把产品的功能做到极致、价格做到合适，再针对所有的人群进行销售。

我在家里憋了几天，还给我们的新产品取了一个自认为比较好的品牌名，叫"新蜜蜂"，英文名就是"New Bee"，也就是"牛逼"的意思。我觉得这个名字非常互联网，能形成广泛的传播，也符合我们的小米定位。当然，如果我今天做的是牛逼牌净化器，估计也不会有机会在这里跟大家分享了，我们肯定会像江河里的一个浪花，啪一下就灭了。那我们为什么从牛逼牌转到三个爸爸净化器？其实要感谢微播易的徐扬。

在4月初的时候，我们拿着这个牛逼牌净化器去找徐扬，想让他来帮我们做社会化传播。我把想法跟徐扬具体描述之后，他就跟我说，认为我们的方向错了，他说有句话叫"勿忘初心，方得始终"。我们能够打动张震给投钱，不是因为产品多好（因为当时还没出来），也不是因为其他的，恰恰是因为爸爸为孩子造净化器这个事情本身。那你们现在要做个牛逼净化器针对所有人，方向完全偏了。而且，这么做根本无法做社会化传播。

听了他的话，我们几个当时后背直冒冷汗。回去研究了三天，决定听徐扬的劝，马上调整方向。这样才有了三个爸爸品牌，有了今天的儿童专用净化器。调整完方向后感觉非常顺，消费者调查、产品研发、营销传播都有了一根主线。

所以，我的总结是：创业企业，必须要找一个特别聚焦的人群定位，而且你永远不要怕窄，因为不管有多窄，中国有足够多的人、足够多的市场潜力可以让你去挖掘。当你集中在一个特别精准的人群，你就知道你的用户在哪里，知道他们的生活场景和生活形态，你也就知道怎么去跟他们沟通；而如果你做一个广人群，实际上你就是在跟这个行业所有的领先者在竞争，做社会化传播也很难受，因为你无法跟所有人沟通。

第二度叫尖叫度，就是说必须找准用户的痛点，做出让用户尖叫的产品。

怎么找痛点呢？我的经验是，不能只泛泛做个调查，你需要和用户滚在一起。一开始，为了彻底研究消费者的需求和痛点，我们找了700多位父母。怎么找的呢？首先是通过几个创始人，包括公司员工的朋友，拉来了100多位父母，建了两个群跟他们沟通；后来通过一些母婴社区和论坛，又拉了500多位父母。

这个调查不是那种问卷调查，因为你发问卷，用户填的东西未必是他真正所想；也不是一个简单的座谈会。我们发现最有用的就是在群里长期沟通。很多人都在群里，你提的问题，大家七嘴八舌都来回答；另外，通过你的问题，可能引起用户和用户之间的沟通，这时候他们不经意间说的东西，可能就是你真正要的东西。我们各自潜伏在各个群里，大概聊了两个礼拜，通过这种方式我们发现了大概65个净化器的使用痛点，在这些痛点里面，最后挖掘了12个痛点，这是我的产品能够解决的。

了解到这些痛点，我们就想把产品做到让消费者眼前一亮。消费者第一个痛点是，他们搞不清净化器除PM2.5的效果到底好不好。我们研究了很久，发现市场上有三款国外净化器产品，他们有一个很强的营销点。你去终端买他们的产品时，他的销售员会拿一个检测设备告诉你，我这个产品它的出风口检测值为零。这样的方式在其终端销售中起到了比较大的作用，而且市面上只有万元左右级别的机器能做到。但除了在终端，其他方面，他们并没能很好地发掘、放大这一点。

所以我就决定把PM2.5这个事情放大，我们的机器从风机，到滤材，再到封闭性，都朝着为零去努力，最终我们做出来的机器，不管是大机器、小机器，都能做到出风口PM2.5为零。后来推广发现，因为我们能够做到出风口PM2.5为零，这一点强化以后，消费者对我们的净化效果完全放心。

第二个痛点是，因为空气净化器基本上用的都是空气质量传感器，它不能够测量PM2.5的数值，所以消费者不能很直观地感受效果。这个问题的解决没有别的办法，你只能花大的成本，给机器装一个工业级的PM2.5传感器，直接去测量这个数值。

我装了PM2.5工业级的传感器之后发现，智能硬件的一个好处就是你的产品通过测量可以积累环境信息，信息可以改变智能硬件产品的定义。比如，我现在每天，哪怕在外面出差，我都会打开App去看一下孩子生活的房间，它的PM2.5值是多少，如果值高的话，我还会用手动模式把它调高档，值下去后我还会拍一个照片分享朋友圈，甚至向我老婆汇报。这就是通过智能化给硬件赋予了情感沟通的功能。

当然，你调查出消费者的痛点，并不等于什么痛点都要去解决。比如，在我们的调查中有这么一个痛点，但是我放弃了。大概有80％的父母，都认为净化器最好是不要换滤芯，因为这样后续的花费比较少，且省了麻烦。按道理，这个痛点有这么大比例的消费者需要解决，我们应该去满足。

但后来我发现这个痛点是有问题，因为不换滤芯的净化器，都是静电和等离子的，会产生高压，有辐射，而且它肯定会产生臭氧，臭氧对孩子健康影响很大。我既然是为孩子做净化器，任何影响孩子健康的因素都不能让产品出现，所以虽然消费者想解决这个痛点，但是我不能满足。

第三度叫温度，就是说必须找到你的情怀或者你的格调。

因为现在是产品极大丰富的时代，85后人群已经不只是为了产品功能买单，更要为证明他是个什么人而买单。所以，移动互联网时代的创业公司，你可能没有很高的宣传费用，也未必有很高大上的东西，但是你可以在你的产品里注入格调、注入情怀、注入精神的价值，如果你有了这些，你就和你的竞争对手完全不在一个精神层面了，你就完全跟他们区别开来，让消费者一眼就能记住你。我们三个爸爸净化器的整个传播过程，甚至在产品研发和寻找资金的过程中，情怀都起到了一个决定性的作用。

我们在3月份之所以能拿到1000万的投资，当时我们连样机都没有，就是因为我们品牌是有温度的，因为我们有情怀，我们有故事。当时我约的是高榕资本的张震，正好是在3月初雾霾很严重的时候。当我跟他讲了一个小时我们创业的想法和技术方案的时候，他说老戴，对于你们技术性的东西我一点都不care，但是你讲的话打动了我。因为我也是爸爸，正好在昨天，我把太太和孩子打发到三亚去躲雾霾。因为父亲对孩子的爱，看着这个雾霾是非常非常难受的。就想到孩子在这种脏空气里面活着很痛苦。你今天讲父亲为孩子们造净化器这个事，我就特别有共鸣，我也是个父亲。既然我这么理性的投资人都被打动了，那么你肯定能打动天下的父母。所以我就给你投了。所以我们就签了1000万美金。"

图 3-64

在后面的运作中，我们发现，如果你有了情怀，你不但能感动消费者，其实你还能感染你自己，感染你的团队。因为我们是爸爸为孩子造的净化器，我们对孩子的爱是贯穿到我们的产品，贯穿到所有的环节里面的。

比如说我们选择技术方案，大部分净化器是用紫外灯来杀菌的，但是我们坚决不用。为什么呢？因为紫外灯有辐射，会伤害到我们的孩子。后来我们研发产品的时候就想，我能不能给我自己孩子用？如果我孩子不能用，我就不能给消费者用，就不能给天下的父母用。

而且当你有了情怀以后，你的团队都会为了这个梦想、这个情怀一起去努力。因为研发产品会遇到很多挫折。当我告诉我的团队，我们是一群爸爸，在为自己的孩子造产品，这个礼物是献给自己的孩子的时候，他们的内心是完全不一样的。所以我觉得情怀对于管理也是很重要的。

后来在品牌传播的过程中，其实我们特别注重把这个情怀传播出来。比如8月份开发布会的时候，我没有讲我们的产品怎么样。我只讲了为什么三个爸爸要给孩子造净化器，我们要给孩子造一台怎样的净化器。在发布会的结尾，我讲了一段跟产品完全无关的话。

我说：因为创业很忙，我的孩子是7月16日出生的，其实我没有太多的时间陪孩子。就每天早上陪他十几分钟，早上出门之前。如果他醒了，我就拉着他的小手陪他玩，如果他睡着了，我就躺在他旁边看着他。因为婴儿会在睡梦中突然笑出来，而且笑得很灿烂，我也不知道为什么，我看着他突然笑即会觉得幸福，也会觉得很心酸。我想这种父亲对孩子的爱，是能打动所有人的，大家都有共鸣。

所以当我在发布会上，说了我对我孩子的爱，又说了我这个礼物是献给我孩子的，是给他提供保护的时候，很多媒体采访我都说完全被我打动了。因为他们不是父亲就是母亲。他们感觉到一个父亲为自己孩子做的产品肯定是一个负责任的产品。也许它们未必会完美，但是它们肯定会走向完美。

我们后来众筹成功，也是因为情怀让很多人都有了共鸣。很多人都是因为这种温度和情怀先相信了我们，再购买了我们的产品。信任达到购买，而不是经过各种考察和思考。所以创业的情怀能让你和其他品牌有很大的区别。

第四度叫粉丝热度，就是说必须找到你最原始的粉丝盘。

去年哈佛商业评论发了一篇文章，说这个时代品牌的作用在贬值。因为人们开始相信朋友的评价，朋友圈的力量渐渐崛起。这就意味着争取品牌真正有价值的地方已经不是所谓知名度美誉度，而是粉丝热度。

我们是有两个基本的用户粉丝部落的，我们刚才说了，在调查阶段，我们有700个父母，那这700个父母不可能一直跟我们沟通。最后剩下100多个父母，他们就是我们的基础粉丝，对我们非常忠诚。

另外我们还做了一个活动粉丝盘，我们做了一个征询50位爱心检测员的活动，我们在微博上征集，然后对这50个人每个人都发了一套检测设备，测PM2.5和甲醛，让他们到处去测，而且他们测的热情特别高。而且我们在一个群里跟他们沟通，他们跟我们的关系都处得特别好，很信任我们。

后来我产品出来的时候，这50个人都买了，而且其中15个人，我还奖励他们，都送了他们一台，但是他们还是买了。这就说明了只要你跟顾客有良好的信任，那么他就会很忠诚地支持你。

除了产品的粉丝盘，你还要有传播的粉丝部落。因为我们在做众筹，但是众筹这个事情，如果想做好还是挺难的。因为一个不知名的品牌，连产品的样机都没有，让消费者买了以后几十天以后拿货。这个不太符合中国的消费习惯，所以众筹这个事情你要是想做好的话，就要有参与众筹的粉丝盘。

这个事情我们是靠资源解决的。因为我们是创业家黑马营的企业，黑马营有个组织叫黑马会，有3000多个创业者都是会员。因为我们在黑马营里资源很丰富，所以我们就想把黑马会当成我们重要的传播的粉丝团。你做任何事情都需要人支持，都要有粉丝。我们能做到千万众筹正是因为启动了黑马会作为基本粉丝盘。

但是，黑马3000多人不可能都成为我们的粉丝。于是我们在黑马中选了100多个愿意参与我们品牌传播的人，组建了梦想天使粉丝群。他们可以不买我们的产品，但一定要积极参与我们的品牌传播和营销活动。作为回报我们不给经济利益，而是给荣誉。我们为梦想天使做了水晶牌，把他和孩子的照片做上去；还为梦想天使包了果园，明年会给每一位寄水果；最近我们还在推一个梦想天使创业帮帮计划，凡是群里朋友创业的我们都一起来推，共同支持。

图 3-65

为什么创业品牌一定要做粉丝呢？因为我们需要用户互动和参与度。参与度强了以后，我们就拥有了很多活生生的用户来参与到我们的品牌建设上来，品牌已经不是我们三个爸爸几个创始人的了，它是用户和我们公司的一个共谋。这就是移动互联网时代一个品牌建设最特殊的地方。

第五度叫分享度，就是说你要学会做病毒营销，抓住事件热点。

做病毒营销，首先你要起一个有病毒营销特征的品牌名，比如说我们三个爸爸，听到三个爸爸这个品牌，大家一般都会问，是哪三个爸爸呀，为什么叫三个爸爸，这个就是我们起名的初衷，一定让你产生好奇心。

其实我们起名三个爸爸有几层意思：第一，本来我们就是三个创始人想给自己孩子造净化器，这是有历史的；另外一个，三人为众，"三"就是代表天下所有的爸爸；还有一个原因就是我们想让大家好奇，甚至想让人误解。我们发现，对于这个品牌名，消费者有两种截然不同的意见，一派觉得挺好挺喜欢，另外一派完全反对。

所以呢，这个名字其实有很多争议。但我觉得有争议、有好奇，某种程度上来讲是件好事儿，它会有一个很好的病毒传播和自发传播分享的作用。

今年我看到最好的品牌名叫"叫个鸭子"。这个品牌的特点是，首先一遍肯定记得住。另外，它把产品的特性包含在里面，叫个鸭子就是外卖叫个鸭货。最后，它让很多女人产生了非常强烈的尝试欲望。5月份我在徐扬那儿看到这个名字，回去跟我办公室的女同事说了，结果一周之内每个女同事都叫了一个鸭子，所以呢，起一个特别有传播力的名字有利于你的病毒营销。

除了名字之外，你还要学会不断制造一些病毒元素，不管在你的产品里，还是在你的传播要素里，都要去考虑病毒元素和自发的分享传播性。还有一点就是要学会跟热点连接，事事皆内容。就是社会上发生的热点事件，都是能找到和你的产品相连接的。

比如说我们除甲醛的效果确实是国内第一的，但是你说是第一，消费者是不会相信的，广告法还不让呢。你说你是第一，别人也说是第一。那么最后被我遇到一个机会。因为今年8月26日，央视对净化器行业进行了曝光。他们找权威机构检测了十大品牌净化器，包括飞利浦、松下、夏普等，最后发现这些净化器除甲醛效果都非常差。所以央视这篇文章就叫《净化器除甲醛基本无效》。

后来我听到这个事就感到我们的机会来了，然后我马上把我们的净化器送到央视曝光节目同样的权威机构去检测，专家就说了从来没有见过除甲醛效果这么好的净化器。那么我们就马上做成了一个病毒式的视频到处去推。前面是央视的新闻《净化器除甲醛基本无效》，后面就是我们的产品在权威机构出现了，最后是专家说从来没有净化器除甲醛的效果这么好的净化器。后来这两个信息联系在一起，那么我们的产品除甲醛效果最后就被消费者认同了。所以产品要和热点连接，才可以给你的产品带来好处。

除了这个我们还会玩一些小病毒。比如说今年北京马拉松期间，有一些人是戴

图3-66

着防毒面具上街的，我就让我的合伙人宋亚南背着净化器上街跑，把这个净化器和防毒面具的照片放到互联网上去传。传播效果还挺好，很多人都看到了。有些人还评论，说有一个SB背着净化器上街了。虽然我的合伙人被骂了SB，但是传播了我的产品，大家都很高兴。

第六度叫参与度，你要做任何事都要把用户的参与感当成第一理由。

图 3-67

当我们不是通过很大力度的广告去宣传的时候，我们就要在微博和微信让朋友来传。大家知道我们三个爸爸做众筹时刷了好几遍朋友圈。那为什么我们能够在朋友群里刷屏，让很多人都来传我们的信息呢，我肯定不是像卖面膜那样，拼命说产品好，之所以能够做到朋友群里刷屏，还是因为我们整个事件设计了很强的参与感，我们让用户让我们的朋友和帮我们传这个信息的时候，他不会觉得很low，而且甚至他会感觉他在做一个有梦想的事情。

众筹三十天，我把它分成两个阶段，第一个阶段就是第一天，9月22日，当时我定的目标是众筹当天必须做到200万。大家知道，众筹实际当时连产品样品都没有，就叫消费者去买单，从卖产品的角度来讲还是蛮难的，况且净化器行业是一个有几百品牌的市场，竞争力很强，所以如果从产品的角度去做众筹，去突破非常难。

因此，我们要把三个爸爸做众筹这个事情变成一个大家共同的事情。所以，我们就请咱们黑马会副会长杨守彬帮忙做总策划。杨守彬就跟我们讲，他说你们如果想做好众筹，最核心的是"参与感"，你要说出让黑马们参与你的理由。黑马并不是创业家的下属，创业家是把一群创始人聚集在一起，你要让大家参与到你三个爸爸的众筹，为什么要参与这个问题一定要解决。在我们的共同策划下，整个众筹中，我们花了十天的时间做铺垫，把它做成了一系列的事件。

首先是由创业家的官微给我们下任务，9月12日的时候官微发了一篇文章，说为什么中国没有千万级的产品众筹，说中国这么大、消费力这么强，但是呢产品众筹最高才400多万。这篇文章发之后过了两个小时，我的微博就马上跳出来回话，三个爸爸虽然是个创业公司很弱小，但是我们要挑战中国的众筹纪录，我们要代表黑马冲击千万众筹。我提出这个口号之后，过了两个小时，创业家的官微和牛总个人微博也都回应，黑马的精神就是把不靠谱变成靠谱，所以希望大家支持三个爸爸，帮助他们代表黑马冲击千万众筹。这样我就把三个爸爸众筹的事情变成了黑马会的一个共同挑战。

但这样还不够，必须打通情感，所以我让我的合伙人海滨写一篇文章——《我与黑马不得不说的事儿》，这篇文章讲了海滨在最困难的时候得到了黑马兄弟的扶持，得到了大家的精神鼓励和实际支持，然后终于走到今天走到成功。这篇文章写得非常动情，非常有感染力。因为他讲的是他的一些个人经历，他的痛苦、他的思索、他的感恩，能够得到很多人的共鸣。我们黑马的文化是"成则陪你君临天下，败则帮你东山再起"，这种黑马精神在这个文章中表现出来，对黑马们有很强的感染力，也是给他们一个情感参与的理由。

有了官方的号召，又有了情感，我们又设计了第三个阶段的任务。这个阶段第一个任务，我们让京东众筹的总监给我们下任务集齐一百个赞，就给我们京东众筹的首页广告，实际上这是假的，不管多少赞，首页广告都是给我的。我们用了一个标题叫"三个爸爸代表黑马冲击千万众筹等你点赞"，用它在朋友圈里刷了一次屏，黑马50%都帮忙转了这个文章。

这个任务完成之后，我们又让京东的VP给我们下任务，这次要集齐300个赞给我京东首页的广告。这回我们想，必须要给我的用户定位，我就换了一个文章的标题，叫作"寻找三千位偏执狂爸妈"，把我的用户定位成像偏执狂一样去爱孩子的父母，再请黑马帮忙转发，并且在朋友圈给我的每个朋友都发了微信，请他来帮忙转发。这回发现，大概60%的人都帮忙转了。

第三个，分众传媒的董事长江南春给我下任务，要集1000个赞，我们就又换了一个主题叫"史上最有爱的空气等你加入"，这个主题是杨守彬给定的，这篇文章我朋友里黑马的朋友应该说80%都有帮转。人都是这样的，当一个事情已经有了一定的影响和声势，他就愿意来做，第一轮可能转的少，第二轮转的人就多了，第三轮转的人就更多了，而且我们在第三轮文章里也写了，包括牛文文、杨守彬、马云等这么多的大佬都在支持我们，大家觉得这是一个黑马的事件了，不参与都觉得不太好意思了，跟不上时代了。

通过这三次转发的刷屏，我们在众筹第一天就做到了半个小时50万，两个小时100万，10个小时到晚上10点就做了200万，也算是创造了中国众筹的一个时间的纪录，那么创造完这个纪录之后呢？我们就没有再刷屏，因为我觉得朋友圈刷屏别太频繁，别人会烦的，所以呢我们就把众筹冲击的第二个阶段放在倒数第七八天，在倒数第七八天的时候我们大概才做了400多万，还差500多万。

第一阶段黑马会都参与了，那第二阶段就要走向大众。因此，在后面这个阶段，我设计了两个节点，第一个节点就是我和那威在优酷群的话题社做了一个辩论，为什么要做辩论呢？因为我永远是这么认为，让消费者、让朋友传我的产品如何好没有人会传，所以你必须要找一个大家都关注的点、找一个大家都参与的理由。

搞现场辩论，是因为中国人喜欢看吵架。虽然我是一个默默无闻的初创品牌，但是我是代表净化器行业去那威吵，净化器是精神产品还是真实有用，我当然选择代表真的有用。很多人本身对买净化器有犹豫，看了节目，我肯定把净化器的好处说得淋漓尽致，所以关注这节目的观众可能就会变成我的消费者。

为了让更多的人来围观这个节目，我们把奖品设计得也很有意思，如果那威输了，要买5台iPhone6给现场围观的优酷关众，如果我输了，我要买500份的董路肘子，董路本身是个大V，有很多粉丝，所以把他拉进来会有更多人关注；另外买500份是为看视频的估计5万人吧，1%的中奖率让大家感觉非常强。在这个事里面，实际上我把我的产品信息全都埋藏在里面，只要你想看我跟那威吵架，就能看到我的产品的卖点。

最后一个节点，做完辩论众筹大概已经快800万，后面两天只剩200万，最后我们做的就是圆梦感恩。其实做到800万，这个基本上是成了，那成了的事情大家都愿意来参与。所有参与我事件的人物我都表示了感恩，其中包含很多大佬，包括后来张震帮联系的薛蛮子这些作为我们的内测用户，为什么要在这个文章里把这么多人列出来？实际上就是告诉大家，这么多大佬参与了，难道你不参与吗，那你是不是out呢？

在感恩中，我还埋藏了一个最重要的点，就是一旦众筹结束，我们产品涨价1000块，那么马上涨价，所以很多人一看这么好的东西，这么多人都在买，而且马上要涨价了，他也不管是不是真好，因为他肯定不知道，然后他就买了。

所以强化参与感，然后给你想影响到的所有人充分的参与理由，他们在朋友群里帮你转发，或者直接参与购买，帮你去实现梦想，那么这个事情就是成立的。因为朋友圈的力量，当你能够密集地把他调动起来的时候，你会发现真的非常强大。

第七度叫关系度，是我对社交营销的一些思考。

图 3-68

徐扬有个朋友圈营销的理论很到位。做好微信朋友圈，有三个要素最关键，第一个叫影响力背书，第二个叫权威背书，第三个才叫熟人背书。影响力背书就是比如说你能不能找到有影响力的人，或者你能不能密集地在一个非常短的时间之内，让所有的朋友都在刷你这个事情，这个如果做到了，你就具备了很强的影响力。

权威背书呢是跟你的产品相关的，或者跟你产品的卖点相关的权威，能不能给你做认证，比如说我们把我们的产品送给了这个和睦家医院的儿科主任崔玉涛教授，崔玉涛用了以后，他办公室的甲醛确实明显下降，他给我发微信，我们把这个微信截图，然后发到我的文章，这就是权威背书。

所以，影响力背书加上群位数然后再加上熟人背书，因为朋友圈里都是认识的人。把这三个要素加在一起，那么就会在你的朋友圈里迸发出非常强大的力量，有时候强大得你自己都难以想象。

在这个移动互联网时代，实际上我们面对的已经不是一个普通的用户，他不是一些冷冰冰的数字，它是活生生的人。那么你跟用户的沟通就要跟一个人说话一样，就是你要把你的情感、你的所有东西表现出来，而不是冷冰冰的只有产品。

而且在这个时代，你其实具备了一个快速打造品牌的可能性，那就是你首先圈一圈基础的粉丝，不一定要人很多，但这些人呢是你的朋友，或者通过你朋友影响，他对你有百分百的信任，你把这个信任发挥起来，信任就足以形成购买，然后她买了你的产品之后呢，只要用了好，他再不断去帮你传播，然后会产生更多的信任和更多的购买，先由信任、购买，然后再去到知名度、美誉度，所以呢这是一个创业企业在这个时代能够快速成功的秘诀。

总而言之，在移动时代好，我们其实应该是先做人，先做关系，然后再去做产品。

这是创业品牌打造的七度密码，我最后再补充一点，要学会资源整合。

最开始，我们拿到了1000万美元的投资，这跟我们的情怀有很大的关系，但不仅是情怀，它还来自于我们的人脉。我们本身和张震就认识，然后他有又很好的朋友给我背书，你没有人脉资源，肯定是不行的。

我们能够做好千万众筹，最核心的就是，我们把创业家的资源整合运用到了极致。你手里有多少资源，一定要把它集中起来调动到你的创业中去，调动最好的方式不是给你的合作伙伴多大的利益，而是把你合作伙伴的事情和你的事情变成一个事情。首先，因为海滨跟创业家牛总本身私人关系就比较好，我们也不断地跟牛总沟通、汇报，跟创业家的各层领导沟通，让他们能够重视我们的项目。

后来，我们又跟创业家的代言项目有了商务上的合作，我们就又通过牛总介绍去京东找了京东众筹，再通过跟京东众筹的沟通，提出了千万众筹的目标，这个目标把京东整个调动起来了，最后我又反过头来跟代言项目的负责人卢旭成主编要求更多的支持。我说卢总你看，这个项目本身我们之间创造了这么好的一个关系，我的合伙人也是黑马营的同学，现在京东众筹也表示支持我们冲击千万众筹，我这个项目不也是创业家代言项目的一个样板吗？我们是第一个跟你们合作的，所以你如果帮三个爸爸做成了千万众筹，这个就会是代言项目的一个样板，以后就会有很多创业企业来找你们合作、推广，所以能通过这样的方式，我就把三个爸爸的项目变成了京东众筹和创业家代言项目共同的样板。

很多人说我没资源怎么办，其实没资源你也可以想办法把资源整合进来。有一篇文章，说一个90后的小孩，花了两年的时间，最后打入了马云的朋友圈。前一段有个咱们黑马的项目，也是代言合作的项目，叫KISSLINK，吻路由，在京东做众筹也非常成功。吻路由的创始人张兆龙实际上也没什么资源，他为什么都够得到真格基金的投资？就是他去死等徐小平，然后缠着徐小平，用他的激情感染了徐小平，三分钟就把徐小平搞定了。

所以，其实资源有的可能在你过去建立的人脉里面，有的可以通过你自己的激情、你的感染力、你去制造一个成功的案例、制造这种梦想去把资源整合进来。要创业就必须把你前半生所有的资源集中起来，再把它们用到极致，只有这样你才可能脱颖而出。创业要成功，除非你的技术非常厉害，否则在这个时代，你必须快速崛起才有机会。

为呵护折翼天使，电商范冰冰启翅微商

文/卢艳冰　　微信/ice604027927

图3-69　电商"范冰冰"卢艳冰

我是电商范冰冰，来自广东佛山，严于律己，追求完美，是一名典型的处女座女孩！性格温婉但倔强，决定的事情，会很坚定！在2014年，我决定去创业，却遭到家人们的反对和唠叨，因为他们觉得，我是个80后，现在是佛山市南海区狮山镇居委会的资产办主任，工作稳定，空闲时间应该去找个好男人结婚，不应该把青春浪费在创业上面。但是，我想告诉妈妈，我只是不想做个三等人——等食、等嫁、等死；我要做一个可以把握自己命运、实现自己价值的人；在奋斗的路上，遇上志同道合的那个他，才是我想得到的结果！我创业为的是：有一天，当我遇上那个他，不管他是富甲一方，还是一无所有，我都可以张开双手坦然地拥抱他。他富有我不用觉得自己是高攀，他贫穷我们也不至于落魄，这就是女人去努力的意义！没有公主命，那就必须有一颗女皇的心，用积极的态度，去寻找自己的理想位置。

在我提笔写微商创业故事的时候，我脑海中浮现出这一年多以来创业各种心酸与幸福的经历，在这条路上，我曾经迷茫过、失落过，有过奔跑、有过徘徊，甚至怀疑自己的选择。但是，我从未止步；最后，我坚定地告诉自己：我，就是要做自己的梦想实践家！从那以后，我把自己微信的个性签名改为：做自己的梦想实践家！为了抢占脑海，我改了个昵称叫电商范冰冰，因为我单名也叫冰。现在，我还

在这条通往梦想的跑道上奋斗着。

　　我的微信朋友圈就是我经历的时光轴，它清楚地记录了，我是由2013年10月19日开通了微信，发布了第一条朋友圈信息。刚开始玩微信，还没有接触到微商，玩久了加的朋友也越来越多，我开始慢慢地接触到有部分朋友在做微商，于是2014年，我满怀壮志地投身微商创业，学习如何做好一个成功的微商。刚开始的时候，我拿了爱玛丝面膜二级代理，为什么要选择面膜作为微商代理产品呢？因为我考了化妆师，面膜销售的群体是爱美的女孩子，我可以跟她们分享一些护肤、保养和彩妆方面的知识；同时我也是华南农业大学的客座老师，我教的是会计专业，这个专业的女学生居多，

图3-70

有了这方面的基础，我开始进军护肤领域的微商，我更懂得学习是成功的加油站，所以，我每天都自己去学习，还跟渔夫、传渔等真正的微商实战技术派学习，卖完了之前拿授权囤的货，我没时间去带代理，又不想压自己的资金去囤货，我告诉自己，我必须转型，我要摸索一条适合自己的、可持续发展的微商创业之路。

　　于是，我开始去琢磨思考，我发现生活化营销，卖农产品（秦岭土蜂蜜、青海黑枸杞、三水翠蜜瓜等生鲜特色水果）市场反应很不错，因为吃的东西，人人都需要，而且养生类的农产品，很符合现代人的需求，把自己用的东西分享出来，寓生活于营销，这种方式，不会刷屏，不会硬广，更真实地表现产品和吸引潜在客户，做农产品，大概我又做了半年，挣到了创业的第二桶金。

图3-71

2015年初,一年之计在于春,我毅然决定了创业的第三次转型。我将之前初创赚取的资金,全部用于跟朋友合伙开公司,2015年2月5日,注册开办了佛山市益股投资有限公司(公司初创产品有中药驱蚊包),我作为公司的股东之一,明确了我的努力方向,我要成立一个创业类的品牌社群"微益力",并将它定位为:打造创业资源整合第一品牌,以"整合、人脉、创业、分享、互助、受益"为服务理念,对接更多的资源,帮助更多残疾人及其他有志创业的朋友成功创业。2015年4月,我参加了佛山市南海区狮山镇政府主办的"益动狮城、狮山镇首届公益创投"活动,我参选的项目是"互联网+公益,残疾天使,启翅计划",我下一步的创业方向是:为残疾人提供创业服务,让他们成为一名微商,结合佛山市益股投资有限公司为企业支撑着力点,为残疾人微商提供货源,通过产品资源整合对接,微营销培训服务输出,从而有效地帮助残疾人创业。残疾人是折翅的天使,我就是要帮助他们实现启翅的梦想,让残疾人朋友的生命注入一缕阳光,让他们真正感受到上天为他们关了一扇门,他们为自己打开一扇窗,感谢这个移动互联网时代,把握这个风口,我们要把窗口开得更大一些,足够天天都生活得很阳光。"微益力",微—微信,益—受益,力—执行力。

期待我创业第三次转型能够成功,我还会有我第四次、第五次的蜕变。每一次的转型都是上一次创业的提升,上一次的收获,作为下一次的基础,并一次比一次做到更好!

高级的快乐是灵魂的快乐,那是付出、奉献,让他人因为你的存在而快乐!

平庸的人只有一条命,叫性命;

优秀的人有两条命,即性命和生命;

卓越的人则有三条命,性命、生命和使命,它们分别代表着生存、生活和责任!

我觉得微商可以让我变成一个追求卓越的人,它可以让我有收入来源,解决生存问题,如果用心做,可以让我提高生活质量,更重要的是帮助残疾人创业是一个回馈社会的责任与使命!

我爱生活,我爱微商,以上就是我的创业感悟,我爱好美食、音乐、摄影、电影、打羽毛球、旅行,我喜欢交朋友,也乐于分享,欢迎加我的个人新微号:weiyilisq001,并关注我的微信公众号:"微益力"weiyilisq;益股投资公司yigutz,每天为你提供更多创业资讯与投资项目对接,微商城更有海量正品商品代理及购买,全国招商加盟及招各级代理正火热进行中,赶快关注我们吧。

看到我微商的创业故事后,如果您来问我微商是什么,如果您还觉得微商就是利用微信平台创业的电商,那就错了!我认为,微商,微,细节,细节决定成败,做好产品和服务的每个细节,无孔不入地推广;商,智商、情商,要不断去学习,有智慧地营销，不是一味地刷屏式营销，情商，就是要把微信好友当作是真正的好友，真诚对待他们，有故事营销、情感营销、文化营销。

创业未完，精彩待续，播下对的种子，努力前行，青春的花儿正在努力地开，挥洒拼搏的汗水，定会浇灌出成功的硕果。

青春，逆袭吧骚年，与您共勉！

娜小妹专心做产品，不做营销

文/娜小妹　微信/735490883

图3-72　娜味红枣创始人娜小妹

娜小妹：2008年退学，2009年再次高考。

毕业后年薪10万，3个月不到辞职，自己创业。

大学期间摆过地摊，做过格子铺，圣诞节卖过帽子，大三开始接触淘宝，赚取人生中第一桶金。

辞职以后自己创业决定做娜味红枣，做农产品电子商务。

娜小妹到底是一个什么样的女子？

娜小妹是一个笨笨的姑娘，记得小时候小妹和弟弟在一起学习，老师总会说小妹你要是有你弟弟一半的智商，你就不会这样子了。

自打听了这句话以后，我给自己的定位——一个笨姑娘。可笨姑娘也有笨的活法，那就是比别人更努力。

还记得初中因为从乡下去城里读书，数学不及格，老师把我叫到办公室骂我说拖了全班的后腿，我在心里默默地告诉自己，我来自乡下基础差但不会差一辈子，那时候寄居在别人家里，同住的有一个成绩很好的姑娘，我害怕人家嘲笑我，觉得我笨，就买了个手电筒，每天早上4点就起来看书，只为了有一天不拖后腿，就这样坚持了整整一年，12点睡早上4点起，终于赶上了同学。

高中的时候，英语不好，怎么办？特别崇拜李阳老师，就像疯了一样学习英语，整整背了一本书，真正做到一日8读，永远记得李阳老师说的"最大声，最快速，最准确"，一遍遍地去背文章，终于有一天我的英文及格了，发音比较标准了。

我是一个好胜心特别强的姑娘，也是一个永远不给自己留退路的姑娘。

总觉得人只有把自己逼上绝路的时候，爆发力才是最无穷大的。大部分人做事情总是因为害怕失败，给自己留一个借口或一条退路，可是只有被逼上绝路你才会明白自己到底可以做什么。

娜小妹，为什么要退学？

退学，仅仅是因为我觉得如果不退学我的一辈子都会是老师。那我的梦想——做CEO就永远不可能了，当时也有想过给自己留退路，转院，换到商学院。可是在一个师范类的学校的商学院意味着混日子。没有办法，我向家里提出了退学。当时妈妈惊呆了，打了所有能打的电话来劝我。我只说了一句，我回来再考。

最后一堂英文考试我翘考，跑到了院长办公室申请退学，院长傻眼了似的看着我，说多少人想考进来，你为什么不读？这个退学不能同意，要慎重。在我的一再坚持下，院长说那你休学吧，这样以后想回来也可以。我说不，既然决定了就退了吧。

半年学习人家一年的内容必然是艰苦的，不过还好我的选择是对的，考上了中南，也改变了我的一生，中南教给我的更多的是见识。

在此废话一句：大学是人生的一段不错的经历，现在的孩子一定要珍惜。

娜小妹，为什么要辞职？

辞职，仅仅为了最初做CEO的理想。

说句实话，我毕业后的工作确实不错，朝九晚五，在软件行业算比较轻松，可是软件测试工程师并不是我的梦想，如果我继续工作，也许一辈子就在办公室了。在2013年9月30日我辞职了，辞职以后就开始了筹备创业之路。

娜小妹的创业之路

2014年5月1日是娜味开张的日子，没有什么盛大的仪式，也没有什么特殊的流程，就这样简简单单地开张了。

从2013年10月辞职，到2014年5月的开张，这整整半年时间我只做了一件事情——就是走南闯北到全国各地找食品，中间出了很多很多的麻烦。好事多磨吧，娜味品牌的第一批良心食品——红枣，跟大家见面了。

图3-73

2013年11月，我去了新疆乌鲁木齐，很傻很傻地以为到了新疆就有了货源。我们错了，新疆特别大，从乌鲁木齐到任何一个市都是一段很遥远的路程。而且新疆人都习惯晚起，感觉他们的上午都是不用干什么事情的。沿着网上搜到的路径，我们找到了和田，并约见了几个当地人。

由他们引路，我们在昆仑山下的兵团看到了一望无际的枣园以及在树上风干的和田大枣！

新疆之行，我虽然有诸多的不适应，但总体来说还算是幸运的。

光有好的产地和原枣，没有好的加工，一切还是那么让人放心不下。我们和广大顾客一样的思维，新疆的枣一定要在新疆包装加工，这样原产地直销怎么说都让人更加放心。在新疆找了好几天，发现我们的理解远远错了。新疆城市比较乱，把控质量方面也有所欠缺。几经波折，了解到真正具有优良的加工体系的地方在河南。河南新郑红枣具有悠久历史，可是为什么大家印象中枣是新疆的好呢？

带着这份疑惑我们到了河南。了解到由于气候变化，河南雨水增多，不再适合红枣生长。政府在新疆进行枣树培育，新疆的气候也更适合红枣的生长，就这样大家所吃到的好吃的红枣来自于新疆。

在河南我们有了新的发现，河南的人民比新疆当地的企业更懂枣。也许是因为真的用心在找吧，终于谈成了，我们的枣在新郑封装。

图 3-74

也许你们会好奇,这样不是增加了很多成本吗,为什么要让自己这么麻烦呢?我的回答是,娜味要做良心食品。在新疆确实可以封装,可是做不到我的要求。我要求每一批封装都要对枣子(从糖分、含水量、SO_2等)多个方面进行质检,必须合格才能封装。

在中国按要求质检的企业不到10%。娜味做到了,虽然成本高出了一些,我想没有什么比健康更重要的。

除了枣子我们还想做干果。干果没法直接找到原产地,毕竟大部分都是国外进口过来的原材料,国内加工。我们在网上各种搜索资料,有一天很是幸运地发现有一家四川的公司专门做这一块供货,兴致勃勃地取得联系,约好见面。坑爹的是,取得联系的第二天到四川,老板就再也没有接过电话。我们苦苦地在四川街头等了一整天,后来就灰溜溜地回来了(至今不知道那老板怎么想的,也不知道为什么让我们过去,连面都不见)。

为了干果我们还去了临安,在临安找了很多很多的老板去谈,大部分都无疾而终。最后谈好了一个,安然地回来后,状况连连。临安去年多次出现干果加工问题,无良商家采用各种手段加工。今年3月,在得知这一情况以后,我们放弃了做干果。我没办法做到完全无添加,无论市场有多大也只能放弃(弱弱地说一句,目前在中国,坚果都会有添加,我找了很多资料了解加工程序,都没有找到)。

为了枸杞,今年4月中旬我去了宁夏中宁,火车整整43个小时啊。现在手里还有几包样品。7月份是中宁枸杞收成的季节,我们想再次去那边看看。

入驻天猫也是各种一波三折,社会不停地给我上各种课。里面的黑幕不想多说,只知道经过了这么久以后我们的"娜味旗舰店"终于开张了。不管以后我们会做成什么样子,未来有太多未知数。唯一可以肯定的是,每一个我们上架的产品一定是良心食品。

我们向顾客承诺:娜味要做良心食品,请各位放心食用。

创业做"天猫",又转型"微商",几近绝望,后又逢生。俞敏洪说新东方的企业文化是"在绝望中寻找希望,人生终将辉煌"。读着新东方的成长故事,想想自己,想想娜味品牌之路的艰辛,真正感觉是"小巫见大巫"了。

2013年10月1日,我做了人生中至关重要的一个决定——创业做"天猫"。选择类目"坚果零食",选择产品"红枣"。

听到这里很多懂行的人肯定觉得小姑娘太稚嫩了,天猫哪是一个人能做得好的呀!

其实大家所谓的懂行人、有经验的人也都是经历了以后总结的。不能说他们不对，也不能说我们的创业错了，因为你不去做你永远不知道自己会怎么样。

记得最近看的一篇文章：创业是一种特别的人生，特别喜欢里面的几段话。

主人公说：创业不是"创"的事，也不是"业"的事，是人生选择的事情。创业是一种特别不同平常的人生。如果你要选择一个特别的人生，那么就选择创业。如果你要选择一个安安稳稳过日子的人生，那么就不要去创业。

也许我是一个不安分的人吧，我选择了一条千千万万人走过的艰难的路，大家都说天猫在亏，大家都说天猫需要很多资金，可是当时的我想我不去做永远不知道天猫是什么样子的。

于是从去年10月开始，只做了一个事情，思考到底要不要做，要怎么做。

经过艰难的思想斗争决定还是要做，不做永远不甘心，而且做就得认真地做。从货源、工厂、包装……一系列的程序一定要去了解，不然就成忽悠了。

前期的各种准备差不多用了6个月，其实准备的过程是兴奋的，因为你有盼头，你总期待着一切都筹备好了，咱们就可以大展身手了（此处注明：小妹并不是随便乱决定做的天猫，也是有做过淘宝并尝过甜头，也在前期系统地学习过整套关于运营的课程，一切的开始都必须做好自己认为尽量充足的准备）。

直到2014年5月开张，我身受重重一击，所有的准备都成为了浮云。为什么这么说呢？前期我们有做市场分析、容量分析、竞争对手分析、产品分析，然后做了自身分析。自然这年头谁都知道想做好一定不要进入价格战的红海，这样只是一场赔本赚吆喝的游戏。可是没有基础销量、没有刷单团队、没有内幕关系怎样才能盘活一家天猫店呢？做标题、做详情页、做所有的内功自然流量。大家都知道天猫现在的自然流量的状况，所谓的七天螺旋、14天增长，我们都有在做，转化也不低。可是免费的流量永远只有那么多，想要更多的流量怎么办？买流量。买流量无非就是钻展和直通车。钻展大家都知道投钻展就如同拿钱去打水漂，因为几千元进去就像没有来过一般。前期我们要测试图片的点击量，测试转化率，光在测试阶段就要花掉一笔不小的钱。什么0元打造爆款我真的觉得是不存在的，至少在这个类目我是不相信的。

钻展这条路，对我来说是死路，为什么？因为没有那么多钱来投，这里面我花了5000元大约卖出了100包的样子吧，红枣的利润有多低相信大家都知道。这个数据看的人也明白，多么悲惨的现状。我到了快要崩溃的状态，花钱买流量能卖出产品我是亏，不花钱做自然流量，我卖的产品很少也是亏。无路可逃。

这时候我找到了一家第三方，我期待他们能够给我一些启发，毕竟TP有他存在的价值。去聊了一整个下午，对方给了我一句话："给我七万二千元一年，我一定帮你产品卖到上万件，打造一个爆款。"仔细一回味这哪是什么活法啊！打造爆款的方法是，他们在各大第三方网站什么折800、卷皮等高流量网站都认识收费的人，给点钱然后上低价活动，一场活动下来能卖几千包，可这是活法吗？我给你们算算啊，一包红枣按照第三方要求，必须达到超低价格，也就是要么你产品很差，要么一场下来亏得裤子都没穿的了。我的红枣，他们保守估计最高可以做到16.5元一包包邮，去参加活动。不用明说，大家都知道这个亏损有多大，越卖越亏的节奏。他们会告诉你，一切亏的开始都是为了更好的明天，以后销量上去了，自然价格就提高了，这样就能赚钱了。我当时笑笑就走了，这种亏本赚吆喝的玩法我玩不起也不想玩。

无奈，无助，这是最痛苦时期的想法。把自己关在家里整整3天不吃不喝，在想出路。几乎绝望的时候有人要来买公司，希望我把一切的东西包括品牌公司全部转手卖出。当时心里有一种万箭穿心的感觉，就如同自己生下来的孩子，硬生生转手给别人。不舍！我努力尝试了各种途径，甚至去印了300张名片，去公司里面发，让人家来试吃，效果都极其极其微小。我们想过去跑公司，希望公司礼品用我们的枣，吃了都说好吃，可是太多的关系我们打不通。也想过去超市门口摆个摊位，让更多的人知道我们，可是人流量高的地方一个摊位2000元一天啊，摆不起放弃了。

一次偶然的机会，我找到了张开心（我的第一个微代）。她在我什么都没有给予的情况下帮我发了图片，这也是我第一次尝到了朋友圈的魅力。人生的每一次都是被逼上绝路时候才会找到新的出路。这也是我微营销的新的开始。

营销这个话题宽而广。"娜味"一路走来，似乎与营销这个概念，以及与之相应的理论，相去甚远。以营销大理论为背景，当下的实践中出现了诸多新事物。慢慢地，微信购物、微信销售也并不新鲜了。微信上卖化妆品、卖衣服、卖水果、卖蜂蜜，渐渐成为一个新的销售途径。

这种新的销售途径的背后，自然有它的微营销理论做支撑与起作用。最近看得最多也是大家最感兴趣的应该就是关于如何去做微营销，如何增加粉丝，如何销售产品，可能这篇文章小妹会让您失望了。

娜小妹做枣，并没有那么多的营销，也没用那么多的引流，甚至很多东西就是那么不期而遇地来了。

最近有挺多人问我一个问题，你是如何做微营销的？

我想了很久很久，营销真的不是说出来的，而是用产品去做出来的体验。

小妹的枣今天看了一下已经出售了几万包了，真要问我怎么做到的，我只能说"娜味"家族每一个成员共同的努力，大家用心做到的。

很多人好奇我们到底是一个什么样的团队，又是如何去做这样一件事情。

说说咱们的团队吧，我们的团队现在有70个成员。

——有上班的白领，安逸的生活让他们对创业拥有很大的憧憬。

——有全职妈妈，因为孩子的原因实在没法去上班，而微商成了她们很好的选择。

——有充满理想的大学生，对新型电子商务敏锐的嗅觉。

——还有一批做了多年实体渴望转型的老板，不得不佩服他们这个年纪还能有这般激情和我们一起创造奇迹。

可能你又会好奇了，到底是什么原因会让这么多人为了一个枣去付出这般努力？

当很多人都在希望做品牌、做营销、做利润的时候我们却选择了做枣，而且是把利润控制得不高。

大部分的人肯定不会去做这样一个利润不高的产品，正常人的思维这个产品是没有利润的，都想做有利润有品牌调性的产品，然而我当初的定位就是要让身边的每一个人都能吃得起"娜味"枣。

枣本来就是健康的产品，为何要做那么多的噱头和宣传将其拉高，健康是人人都需要的。

——我们选择微信的销售，没有流量成本，没有人力开支，每一个代理我都支持一件代发，这样每一个人都是属于0成本在创业。

——娜味的价格优势：超市、连锁机构没有谁不是店面费水电费人工费层层剥削，而我们就可以做到将所有的中间环节放到枣的成本上，我们选择优质的枣源，将真正好的产品和实惠回馈给了顾客。

——娜味的产品优势：没有任何一个连锁机构可以做到像我们一样快速到达顾客手中，在这个炎炎夏日，甚至很多老板不敢销售红枣，或者迫于无奈改变红枣的加工技术，而我们不用担心，咱们每一批次的红枣直接到达顾客手中，我们在这么炎热的季节无需担心质量问题。

——娜味的服务优势：我们每一个代理都将娜味当作自己的孩子一般，对咱们的产品有任何不满意代理们都会用心去解决。这样很自然地给到了顾客贴心的服务。

因为有了这么多方面的支持，咱们终于可以跨出微商第一步。我们的每一个代理就是顾客，而每一个顾客都有可能是代理，这样的枣有谁还会对它不放心吗？

娜味的理想

其实娜味的理想很简单，让咱们的枣走进千家万户，而让我们的小伙伴也遍布整个地方。"枣"式一家亲，是我们最期待的遇见，我们期待有一天在咱们中国的每一个地方，都有咱们娜味的家人，带给大家温暖、幸福和健康。

我们更期待因为枣让大家去明白一种创业的态度，如果一味用用商人牟利的方式去做产品，产品必然是具有铜臭味的，而用感情去经营一款健康的产品，这才是产品的本质。

娜味还很年轻，未来的路很长很长，我们尝试用最平民的方式支持大家创业，我们期待每一个你都能找到属于自己的那份成就感。

"娜味"家族的每一个成员都要铭记于心的一句话是：专心做产品，不做营销。

移动互联尝鲜者——有胆就是任性

文/潘定国 微信/五格货栈

图3-75 五格货栈创始人潘定国

70后的执着 五格的诞生

潘定国同学是位70后，他在成为移动互联网新秀之前，已在传统软件行业打拼10多年，曾担任南京明源软件公司总经理，带领这家软件公司成为了国内最大的房地产销售与管理软件、房地产ERP提供商。

然而，已过而立之年的他，却不甘现状。一次偶然的美国硅谷之旅，不但让其对传统行业有了很强的危机感，更让他有了要大胆进军移动互联网行业的创业想法。

"2013年底，我去了一趟美国硅谷。却意外地发现，传统行业我们很难超越先进国家，然而移动互联网对于大家来说，却同时处在起跑线上。尤其是移动互联网应用这块，国内市场空间非常大，甚至某一方面比国外更深入。这让我感到非常惊喜！"潘定国说起创业的初衷，还是一脸激动。"在硅谷的那些天，让我深刻感受到了移动互联网所带来的行业冲击。它所带来的不仅仅是技术和工具，更重要的是它完全颠覆了传统企业的商业模式、产品观和用户端。"

回国后，潘定国将明源软件交给管理团队去打理，自己另辟了一个"创新实验室"，于2014年初成立了五格货栈电子商务有限公司，在触电移动互联网的同时，也在为传统软件行业的转型进行实践式探索。"我认为，企业转型一般有两种方式，一种方式就是在原来的体系里面进行转型。第二种方式就是完全以一种新的模式去做。我就是选择了第二种方式，即从新的模式、新的团队开始，之后再对旧的业务动手，因为这样我实践过就更了解。就好比要教公司的人游泳，我自己先去游，游了之后再去教别人。"

"五格货栈"先通过"微信"这个平台，选中了果中极品"车厘子"，成为了一家在微信上寻求粉丝经济的社群电商。自2014年3月份运营以来，"五格货栈"的微信服务号已吸引超10万粉丝，其中已有1万多名粉丝下单购买，重复购买的"铁杆粉丝"近30%。

互联网时代的"粉丝经济"

五格货栈围绕28岁到38岁之间，品质生活要求比较高的女孩子，并以这个群体进行一系列的布局。潘定国强调："我的核心点就是围绕自己的粉丝人群去展开的。所以要想做群岛模式和全产业链的布局，前提是一定要做粉丝，你要有足够的基础粉丝之后，你才能做全产业链的布局。"

车厘子是他们的第一个产品，紧接着又在2014年8月份推出了第二个产品"孕婴级草鸡蛋"，潘定国表示以后还将提供一系列的产品。

五格货栈为什么能在短短的时间内，迅速实现粉丝量和销售额的倍增？这些都离不开潘定国所关注的"粉丝经济"。

潘定国认为，互联网思维下的今天，要强调人的需求价值，以用户为导向，把握住粉丝，创造出符合自己特色的粉丝经济，才是这个时代里最好的机会。"不单单是产品互联网化，更重要的在于通过产品的极致体验玩转粉丝群，借助支付端、物流端、产品端的三方结合，实现全程极简，通过痛点把控，让产品成为销售员；依托社群交互，将用户转化为粉丝。五格货栈正是通过极致产品与极致服务，让产品说话，提升用户体验，让粉丝传播，在宣传企业品牌的同时，拉动产品销售。"

在谈到粉丝和消费者的区别时，潘定国认为，粉丝是一种情感纽带的维系，粉丝行为超越于消费行为本身。粉丝经济的核心在于，首先生产内容，以内容为中心吸附用户。用户和用户互动产生关系。有了关系和情感，就能形成族群和社区，这也就是所谓的内容到用户到关系到社区到营销的"五步粉丝经济法则"。

怎么做极致产品、极致服务？潘定国说："我记得以前在中欧读总经理课程时，教我们市场营销的老外教授的一个观点让我深受启发，即'用户导向思维'。后来我提炼了一下，企业要将50%以上的精力投入到用户研究上，挖掘出用户的需求痛点，而且不仅仅是解决他们的基本需求，更要给予用户精神层面上的满足感，让用户变为粉丝；随后花费35%的精力研发出满足用户痛点的产品，再用15%的精力去完成营销。"

运用从中欧教授那学来的"用户导向思维"，实践下来，潘定国发现："这样的运作模式的确能够获得最稳固的粉丝群，继而去围绕粉丝建立全方位的产业链和多维度的商业布局，采取群岛模式，把稳固的粉丝群体盘活，以粉带粉，以粉促粉。"

零营销 大收益

互联网思维不是说说就能实现的，而是需要不断挖掘其中的含义，转变以往的思维模式。通过用户的手，通过用户的眼睛，通过用户的感受，不断衡量自身存在的缺陷，快速排查并更新迭代，才能让企业跟得上互联网的发展并快速成长。

五格货栈没有一个销售员，不花一分钱的广告费用，但却将粉丝量和销售额做了起来。潘定国骄傲地说："实际操作下来，在移动互联网时代，这一切完全有可能。"

潘定国还与我们分享了五格货栈两个案例。第一个案例：6月18日五格货栈预售车厘子，半小时卖了1000多份。第二个：只要有一个用户在朋友圈晒一下五格货栈的东西，平均会有5个用户关注我们的公众账号。"这个数据非常惊人，我们按照螺旋式上升的方式做，这个比传销还厉害，但是你有没有找到这个点非常关键。只要能够让用户发自内心地喜欢你，用户一定会真正去传播。你需要做的，就是很震撼的产品，让大家情不自禁地拿起手机来拍照、发朋友圈。"

"用户的消费启动环节是从朋友推荐开始，我们就布局朋友圈；由以前的空间占有转变为时间占有，我们就做车模、做移动互联网实践的文章等。只有针对于现在移动互联网的环境进行出牌，才能够起到将有限的力量投放到最合适的地方实现营销的最大化！"

看破 敢破

潘定国把自己定义为移动互联网创业者，但创业者最应具备的素质之一就是要敢于走"第一步"。"所有移动互联网经济人，都在问'怎么办'，问自己，问别人。其实这个问题应该自问自答。敢不敢实践？敢不敢一无所有？"

潘定国做过很多行业内"第一次"做过的事。比如说，第一次提出"首席粉丝官"这个概念，第一次用"车模"这个词来指代那些用五格货栈车厘子晒照片的美女，第一次用微信红包销售车厘子，第一次提出"无限服务论"……无数个"第一次"，引发了行业内纷纷仿效"五格货栈"的模式。

他完全抛弃了过去房地产行业的经验，一开始就做生鲜水果，是一次在一无所有中和自己叫板"敢不敢"的过程。第二个动作，五格货栈由高端的车厘子转为卖鸡蛋，这是第二次玩"敢不敢"的游戏。

在移动互联网时代，优秀的企业可以是这样形成的：通过极致的产品和全程体验让用户成为企业的粉丝；有一定数量的粉丝后企业可以自建媒体、自建电商和自建社区，实现全产业链的布局；在粉丝经济和全产业链的基础上企业建立多维度的商业模式！

正是基于这种构想，潘定国希望五格的发展可以有五个步骤：第一步是"五格货栈",是做社群电商；第二步是"五格禅院"(已成立)，这是构建一个广播系统。在上面分享很多有关移动互联网应用实践的文章，让用户跟五格有更多的互动频率，增加黏性；第三步是"五格O2O"，即开设线下的门店，五格第一家400平方米的线下甜品店刚刚于1月24日在南京正式开业；第四步是"五格代言"，即五格认为比较好的产品，会在五格的商城里面给别人推荐，并做代言；第五步是"五格众筹"，相当于未来开店都会采取众筹的方式。

"但是，无论是社群电商还是五格禅院，还是我们的O2O店，或是众筹，我们就一个目的，希望我们的粉丝跟我们之间更高频率度的交互。买东西是一种交互，间接情感这块；看文章也是一种交互；我们线下店里面的体验消费也是一种交互；深入的交互是众筹，比如未来我们开一个店，如果50万资金的话，我们采取众筹50个人，我们每周都会有报告，每个月会进行分红，粉丝跟我们之间这种联系就更强了。所以我们很核心的是围绕着用户跟我们之间的黏性和频率去展开，第二个才是追求的规模。我们完全是一种用户经营的模式在做五格货栈。"一个从来不改节目单的剧团，终将面对无人喝彩的空荡荡的剧场。唯一的招数就是不断创新。我们相信，随着五格货栈的发展，不断地看破，敢破，最终，一切新的构想都将达到"能破"。

一个中国人的TESCO梦

文/赵南昆　微信/mark8620

图3-76　广东九叶科技创始人赵南昆

TESCO梦的源生

广东九叶科技创始人赵南昆2006年留学英国，一次去朋友开的派对，看到了朋友在网上TESCO超市买蔬菜、肉，等等，赵南昆也在那儿看了看，发现他们早上下单下午下班时候就可以收货，这正解决了大部分上班族的时间问题，还有就是食物的新鲜度。之后也没怎么去理会，后来发现很多连锁品牌都有网上下单的服务。

在留学期间，赵南昆发现居民去超市的次数并没那么频繁，在中国，消费者基本是每天都会去一趟，而在英国基本每周去一次偏多，能去三次的已经是较多了。那时他就一直在构思，什么时候可以像国外的TESCO不用出门就可以买到商品呢？

赵南昆2009年回国后接手家族工厂的生意，同时由于对葡萄酒的爱好，对红酒文化的那一份高雅的崇拜，一直在构思中国的TESCO如何搭建。2010年的一天，机遇来了，赵南昆找到来自快销品行业的营销大咖张居友，两人一拍即合，张放弃年薪百万，开始了葡萄酒经销生意，建立了巴尔顿酒业。

图3-77

PC互联网的尝试

此时正值互联网热火朝天，PC互联网称此年为电商元年，两人同时一直观察着电商的发展，几大电器商的价格战，双11和双12的疯狂，人们的关注度非常高，另外就是随着酒水消费市场的转变，传统烟酒行的生意正在走下坡路，在此同时，网上售酒却还是那么火爆，许多爆款产品让他们看到了互联网的力量，他们尝试开了天猫店，先抢占一个先机。

但是张的长期供应链体系价值观告诉他们，天猫模式有其天生的缺陷，马云说的天下没有难做的生意，真的就是一定要颠覆所有的渠道吗？代理商、实体店（酒水行）真的一无是处吗？传统的代理商的价值不可否认，信息流方面网络会有很大的解决，但是物流、资金流、服务流、体验流等都还是需要本地化服务来承载的。

建立红酒O2O销售体系

2014年伊始，移动互联网发展，尤其是微信的普及，让二人耳目一新，新的时代到来了，互联网+时代来临。因为国人尤其是三四线城市的国人用手机连接网络的趋势越来越多，梦就要开始了，此时巴尔顿酒业线下合作网点日渐密集，销售额节节攀升。

二人找到此时负责专业为企业搭建O2O的互联网老兵文晖，从联想出来后一直在互联网十余年深耕细作，多年的开发搭建经验使这位老兵感触到这就是将来传统企业的必经之路，三人经过几个月紧锣密鼓的激烈讨论，2014年12月15日正式推出"巴尔顿酒业"微信公众服账号，并同期筹建App客户端，运营范围从广东到全国，目前已有广东、广西、福建等10余省市上线，拓展步伐稳健有序。消费者可以通过微信服务号及App进行线上下单，体验30分钟到货付款的类即时购物。与此同时，也可电话订酒，适应不同人群的消费需求。消费者可以购买巴尔顿供应链精心制作产品，并且通过推荐好友安装、消费等积累积分，换购产品，参与抽奖。

巴尔顿O2O模式出现，成为红酒O2O的开篇，也引发了业内广泛关注。对于普通电商来说，"最后一公里"是分水岭也是生命线。与一些酒企和网络销售平台的直接合作模式相比，"巴尔顿O2O"采用"厂家主导、网点执行"与经销商联盟的模式，一方面满足了消费者购酒便利性的需求，另一方面将订单分配给网点，从根本上激发网点积极性，真正意义上实现了线上与线下的融合，在信息流、资金流、物流、销售政策等方面完全同步，切实帮消费者解决"最后一公里"配送问题。数万家销售网点成为电商天然的神经系统，让"最后一公里"具有得天独厚的优势。这种颇具本地化特色的配送模式，开创了酒企营销的先河。

图 3-78

未来的互联网+，真正的 TESCO 之梦

2015年3月赵南昆转战成都糖酒会对记者讲到将来的愿景：

以往红酒对于消费者就算有喝过，对品牌也是很模糊，也不知道是什么样的酒，哪来的，去哪里有的买，通过巴尔顿红酒O2O平台我们可与消息者达成互动，把酒介绍给会员，普及一下葡萄酒知识，传播葡萄酒文化等等，还有就是线下价格不一，消费者心里有怀疑，现在这系统是线上线下统一定价，而且还在实体店提供试饮，消费者一有问题可直接找商户或通过平台找到厂商；

酒水行老板会问为什么要把我整合到你们系统，本来就好好的，然后你们说为我们带来更多的客户是怎么达成。首先，会员整进来你就不管送不送货，只要会员买了你就有分成，以前客户今天在这儿买，明天在那儿买，有的分成就白白流失。然后说的引流客户我们是通过培训客户如何建立和维护自己的社群，通过一些户外社区推广活动协助客户开发社区客户，还有就是系统有庞大的公众池，通过平台推广引流进来的，通过自建社群引流进来的，然后当这些会员第一次购买时，谁配送，会员就谁拥有；然后说好的在不配送情况下的会员分成能不能拿到，是怎么才能知道什么时候会员买了酒？首先客户有后台可自己观看自己会员的购买行为，然后平台是有双方点评确定配送成功的，如果是线上支付，那么分成会直接录入客户的账户，如果是线下支付，那么我们对每个客户有协议，只要点评确定配送完成，分成必须给予会员拥有者。

图 3-79

在赵总的精彩回答中，我们仿佛看到一个中国的TESCO模式：一次家庭聚会中，聪明的主妇一边在忙碌着准备美味菜肴迎接即将到来的客人们，同时用手机App九号店下单选择针对菜式的红酒，不久客人到来，巴尔顿的合作酒水行服务人员，盛装上门及时将美国嘉露酒庄红酒送上了……

从刑警到2B男一号

文/李伟焊　微信/2867692434

图3-80　李伟焊

　　我不是大咖，也不是营销高手，更不是网商营运高管，我只是一个小白和草根，尝试着用自己小小的感悟和切身体会来说一说自己的一些微商事儿。微商是什么？不用我多说，渔夫老师都说透了。至于我是怎样玩起来的呢？可以跟大家分享一下。

　　忘记了是2012年末还是2013年初，朋友们玩起了微信，这样我也试着从Iphone4下载了一个试一试，那时候我还在经营传统的木材进口贸易生意和投资着一个农场。后来我试着按微信里的绑定方式去添加手机通讯录和QQ上的好友，这样我的初始微友就形成了。

　　由于木材贸易出现重大的亏损，原本高峰时期80柜/天的进口量递减至零，我开始放弃木材贸易另外开辟新市场。那时候是微商的初始市场形成的时候，看见有些人在朋友圈里分享一点什么东西就回复量大起来了，而且也可以见到大家的回复并比较好玩有趣；重点是分享一个美食或者饭店的时候，总有太多人问了，于是我觉察到原来这个"朋友圈"是有很大的营销功能的。那时候太太一直在做澳洲产品的代购，我也试着放了一些蜂蜜产品上去写一写自己的使用心得，这样一下子就有朋友下单采购了。

　　但那时候还是非常盲目，也不知道怎样做好了。到了2013年末，还是微信3.0版本左右的时代，通过之前的一些野蛮换群的方法等增加微友量，我差不多有1200好友了；由于天气冻了起来，有朋友记得我帮她带的腊肉腊肠很好吃再次让我采购，我发现商机来了；于是我去到农民手上实地拍照、上传、自己制作软文，当然我不得不告诉你：我有5年刑警一线经验，写作是本职而且我个人还算幽默，所以我发现每次我在朋友圈制作的笑话，总会吸引不少微友的回复。这样我就试着操作起这个腊味的微信销售来，凭着我对微信朋友圈和微友的理解，很容易在春节前销售起腊味，但惊人的是居然我一个微信号在1200好友的情况下，腊味销售10万多，所耗费的成本就是车费、一个配送员的工资、快递费和产品成本，居然综合毛利45％，那么我相信微信这样走下去必定商机无限。

进入2014年，微商也特别火起来，关注这块后我发现这个生态里有很多新鲜事物：1）所谓的"大咖"云云，火扯得很猛，什么项目都有，但是基本上华而不实；2）干货很多，至于适用与否就仁者见仁，未必切合自己实际；3）换群和加粉神器什么的都是子虚乌有；4）微商众筹大部分是圈钱的游戏，基本上是做嫁衣裳；5）微信6.0以后朋友圈营销能力稍弱，务必开辟新的玩法；6）成功的大咖玩法我学不来，学了也用不来，接地气是关键；7）定位是商业的开始，不给自己一个清晰的方向，无商可务；8）社群每天都在说，有其生存之道；9）代理机制无监管，但路是可行的了；10）2015年路在何方，微信快车如何搭上，产品、工具、政策、运营要量体裁衣；11）中国合伙人制永远是一条出路，但不欢而散也是永恒的话题；12）产品的竞争力在哪里，微商之火又怎样走下去？

图3-81

带着这些问题，我走过了2014年的微商之路，运营团队上马了，围绕季节性食品展开销售；可是几个月下来，管理能力、人员配置、团队合作、人员素质等问题，可以理解这个是不盈利的前期阶段，要么继续烧钱，要么改变策略，因为任何一个投资者都无法接受亏本经营的状态。但可以很肯定地分析出，微商务必要规模化作战，而土特或者季节性食品虽然可以规避很多政策问题低成本切入，但是要像模像样地运营起来，这类产品有点先天不足，重点是客单价低、利润有限且团队化经营时未必可以快速切入解决实际问题等。个人一直比较关注的保健和护肤两大品类恰恰相反，2013年的俏十岁、2014年的韩束，虽然我未有了解到其内部的真正东西，但从很多方面不难分析出其巨大的发展潜力；而太太代购的产品中也涉及相关的品类，就在2014年末我开始着手把澳洲的产品在微信6.0版本下试一试水，于是我回了一趟悉尼，把代购的产品都放上朋友圈里开始销售，耗时3周时间我的个人微信号在5000微友的前提下实现8万多元的销售，综合毛利50%左右。截然不同的是，我强调了微信版本问题应该大家都明白，不用我多说了，因为大不如前，虽然好友也多了，但好友的质量总体也下降了，其实也是难能可贵的了。

另外这个营销也奠定了很多我原来分析而未敢推进的问题：1）切合度，产品配合市场需求是前提；2）客单价拉升，利润空间增大；3）代理分销更容易了；4）朋友圈营销功能的稍弱也可以逆水行舟；5）结合2014走过、见过的微端全网运营之路，未来的方向更清晰。

说到这里，大家肯定想具体了解我的2014微端运营之路具体出现了些什么问题和有什么发现。工具基本上都没有使用太多，微信、陌陌、微博、百度贴吧、QQ空间、手Q、公众号和论坛等。但我比较认同一个观点就是"先建鱼塘后养鱼、先下鱼苗后投料、勤投料换水就有收成"的道理，所以我使用的工具基本上每天都不刷屏地发布，而且内容也以时事热点为主软广推产品；同时我也认同自媒体之路，不断地传播正能量之余塑造自我形象，所以一年时间过去了，我圈中好友在私聊时反映出我是比较正能量的人，愿意与我交往。当时我收到群里一个微友的同学患有癌症的消息，于是我试着做一个公众号的筹款，而当时所有强弱关系的好友加起来也没有1万个，覆盖面比较窄，但最后实现了3万多个阅读量和6万多元的筹款工作；初心只是一心为筹款并试着实现一下运营目标的可能性，根本没有考虑要卖产品，结果还是在本地起到了一定的网络效应并收获了微薄的转化，重点是弱关系变强关系了，强关系变更牢固的关系了，微友量也增加了，为后来代购产品的营销打下了基础。

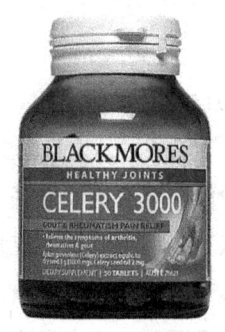

图 3-82

而分销代理也因此而开始有起色，社群的力量也凝聚起来。但总的来说，微信6.0版本以后，这种最原始的营销方式已经不适合微信的发展需求了；代理分销依然是主题，然而工具的配合明显更重要了。之前尝试使用过一个分销软件，使用起来比较方便而且效果还是可以的，至于产品配合上，结合自身优势还是护肤和保健类比食品类更为适合。而总体感觉也较之前的净微信分销团队强多了，也规避不少用人问题，值得考虑去使用，还有运营推广的要求也大大降低了不少。

　　对于微商微营销，我是摸着石头过河的小白，试着用自己的理解和一步一个脚印去做，不存侥幸，踏踏实实学习，世上永远有学不完的知识，也有做不完的事情。同时更有触不及的墙，别人怎样做怎样火与自己无关，只有自己才明白和知道自己的路怎样走，微商之路也需要坚持和创新。2015年是国家政治和经济的改革之年，稳步前进和不断创新也是永恒不变的话题，送给微商路上的大家，没有干货只有实操，喜欢的就添加我个人微信55882199，分享更多！

让顾客主动上门

文/打打　微信/taojinhui168

图3-83　淘金汇发起人打打谢玮霖

大家好，我是谢玮霖，唯一的微商战略管理咨询社群——淘金汇的发起人，小伙伴们都叫我"打打"。很高兴能够跟大家一起分享一些亲身经历的营销经验，即"让顾客主动上门"。分享内容没有太多的理论，都是一些经验的总结。这是自己2012年在微博上做事，一个月报纸、杂志、出版社、企业主动找上门的亲身经历的总结，也是2015年微信收费社群——淘金汇的一些实践呈现。希望对大家有所帮助。

微信社群——把成熟的管理实践到微信社群之中。

一、让一群人变成一个团队、一支军队

淘金汇作为一个微商战略管理咨询社群，如果在实战方面没有一定的积累，就难以让他人信服。品牌战略咨询，本身难以依靠简单的社群来实现，因为没有调查就没有发言权，其需要符合实际情况的市场调查。但是，依托社群可以产生良好、亲密的社交关系。未来产生品牌战略咨询合作的企业家们一样可以发展成为社群的。因为企业家忙碌，这个社群或许交流甚少，但是其所具备的潜力却是可以被明确的。也就是出自资源整合赢天下的良好发心。

从微商经营角度，分享培训是微商目前主流的拓展方式。如果淘金汇难以做出一定成绩，显然更难以大格局来谈战略，让其他人信服。因此，淘金汇以企业经营的角度，建立企业文化，设立的会务营销中重要的人员定岗等多次实践多次分享，

专业的呈现，具备咨询逻辑思维的布局与盲打的区别。未来，可以服务于更多的微商从业管理者们。

这里先提几个分享的要点：

1. "活得不痛快，那是没有找到正确的位置"——这是淘金汇首期分享的主题。其中就重要表明了，每个人在看上一个项目时，盲目冲进去，没有以自身的角度思考自己正确的位置，终将让自己过得不痛快。有人适合开百货，有人适合开专卖，重要看自身的实际情况。

当汇友们懂得了以自身情况思考自身发展时，还必要注入向上的精神力量。也就是团队文化的塑造以及团队协作的拓展。因此，淘金汇创立了自己的宣言。

宣言本质上如同初期的企业价值观，让队员每个人认同自身的价值。

2. "怎样做好微商大姐大"。建立好团队的文化后，更要让大家明白，每个人的成就不仅仅与道理相关，跟胆识也有很大的相关性。因此，必要提升大家的销售技巧以及做事的胆识魄力。淘金汇第二次分享，让内部成员主动站出来，主动往高处走，主动跟大家分享自己平时工作中常用却被忽视、没能专业化的销售技能。同时，团队配合搞好这场分享会，让更多人明白其中道理。常言一个人本来只有3层功力，但是因为敢，就有了5层功力，努力克服所有困难时，就显得有7层功力了。因此，成功的人往往成功的要素总结就是：时不我待，胆大心细。

3. "一切都是为了诱惑"。所谓发心，自利利他。明白了自身的发展方向后，更重要的是明白如何做到利他。因此，必要提升大家对营销的基础认识。营销是与顾客交换价值，而不是强推销。只有提升了大家对营销的认知后，才能够加深大伙对做事规范的认知。

有了文化建设，并提升大家对事物的认知后，必然要通过实践来再次提升大家对事物的掌控能力，达成知行合一，修正认知中的误差，找到符合自身实际情况的方法。

4. "为什么要成立淘金汇？淘金汇是什么？淘金汇的3个希望4个回答"。在执行之前，必要加深大家对淘金汇的认知，加强大家对淘金汇的信心，以及接下来对落地执行的信心。接下来就是跟着平台一同发展，谋求更大的发展。正如我在群里一直强调的，如果淘金汇不能被大家用来当作案例传唱，用来当作为自己生意增色的例子，那么淘金汇就没有存在的必要。因此，再好的传播，不如别人把自己当作为自己生意打开通路的案例。

二、寻求更大的发展

要想有更大的发展，首先要有可实现的阶段性目标，接着还要明确自己这个阶段应该完成的指标。如同淘金汇的目标是汇费收到1万元，分享会达到1万人。如今已经实现了3000元阶段，与上千人分享目标。当然，这个目标对于淘金汇来说还是太小。但是，符合现阶段的发展以及对团队的影响。未来淘金汇还会有更大的谋划，特别对于线上线下拓展、省市布局等。

小打靠技巧，大打靠群力。因此，第一场内部的分享会结束后，就是对整个团队的拓展进行演练。由于整个团队在没有销售产品等相关利益上，团队的积极性很显然会比直接产品销售团队的弱。但是，用仅有的兵力，依旧能够比其他人做得到的分享会，做到更好更加专业。

这也是分享"怎样做好一场分享会"的目的，在于让大家明白，每一个环节的关键。同时，将人员定岗更好地落地、试炼、打磨。当然，淘金汇的成立要义并非让所有人参与工作中，而是提升大伙的认知及专业度，最终带回自己的企业、自己的团队，提升自身内部的执行规范。分享会主要有6种人：

第一种人叫作组织，组织本质就跟销售人员、代理一样。他们负责这个分享会的引入人员的动作，团结自己的资源，结合市场部给的宣传工具，告知其他人，将人带到现场，最可能的就是带自己还在犹豫中的客户，参与到这次分享会中，最后获得更紧密的感情关系，对项目的更深入了解，可能性成交也就更大。

第二种人叫作创意，创意实质上就是企业的市场部负责搞好宣传工作的。帮助组织部门更加容易引入人员。比如做好一点的文案、好看一点的图片，设定好一点的主题等。让组织人员、分享会具备更大的诱惑力，让人更加主动地参与进来。

第三种人叫作场控。人一旦进入分享会，就面临着两大困难，一是人各自言他，场面乱了。另一个则是，谁都不言，场面一片死寂。所以，场控人员要负责好整体场面的调控。

第四种人叫作助理。有助理的跟没助理的分享者，首先给人感觉上就有档次差别。助理更可以帮助分享者做好其他零碎的事情，协助分享者一同协商修改分享内容。同时，还可以在最后客户成交阶段，作为分享者的助手，帮忙统计人员等。

第五种人叫作主持。与场控的角色相当，当时更主要是发挥分享者在分享期间的各个环节的氛围调动，以及观众的注意力控制，保证大家在听课的兴头上。

第六种人就是分享者。最重磅的角色，在他的身边有前面5种人挡着，更让他显得高贵。同时，分享者除了形象外，还要懂得自己梳理自己的分享内容以及分享的语气等，做到快慢有序、逻辑严密、干货十足。

如同企业管理一般，除了团队文化建设，还远远不够。因此，淘金汇分享了"团队的军事化管理"，进一步提升整体团队协作的凝聚力，以及精神凝聚。

同样，除了目标外，阶段性的重新调整定位也是必要的。"唯一的微商管理实训社群——淘金汇最新版介绍"，也是为了让大家明白，其实事物每个阶段都是在变化的，其变化的根本源自前期的积累和沉淀。要提升自己，首先必须根据阶段重新定义"我是谁"。只有自己不断提升，才能做到事业的提升。

图3-84

三、要做事先造势

无论自己、团队目前情况怎么样弱，怎么样兼职，怎么样不带利益相关性，但是，至少要在开场时做到让所有参与者兴奋。所谓，一鼓作气，再而衰，三而竭。因此，我们开设了比其他组织团队更多的审核群，甚至开到32个之多。就是首先在气势上压过其他的市场上存有的分享会模式。但是，气势上压过对方，如果没有良好的管控方法、执行步骤，那么就容易自乱阵脚。因此，必要的视觉化、流程化作业，可视化、流程化，不仅仅能够很好地引导执行团队的思维，更能够清晰的步骤化地执行。

由于早期关于军事化管理的培训，显然，团队的逻辑思维有所提升。

四、懂布局懂管理

很多人一辈子都做不强，为何？不在于他的能力不够。甚至销售能力非常强，但是他不懂搭建平台，不懂让更多人参与进来，也就是不懂得布局与管理。所以，你营销得再厉害，朋友圈发得再妙，粉丝再多，假如只有一个人单干，那么，你永远做不大。

淘金汇经过了两次500人分享社群建立的实践，同时也培训了"团队的军事化管理"。当然，其中重要的除了营销节奏的把控外，更重要的在于整体团队的情绪关注。正所谓，一而再，再而衰，三而竭。特别在第二次32个审核群的大活动中，参与过的人就可以明白这其中道理。千万不要在打不赢的时候打，是打战必要的思考。所以，其间我们有过休战，有过集中兵力等。就是做到，要么别打，要打就要赢。

32个群，要如何布局？需要多少的人力？如何分布每个人的位置？还有哪些不足，又需要哪些补充，等等。随时出现什么样的临时情况，需要如何调整等。本质上的32个群，实质上的50个群，环环相扣的管理机制，随时处理问题的大本营等，就是其中的奥秘。正如，微商经营中设置大区、省市代理、一二三级代理等等。都是需要经过数量、区域上的严格考虑以及布局，做好危机出现时的及时处理办法。

32个群，要如何管控？这些都是管理中必要的思考。定人定编定岗定责，管理就是要盯人头，把事情定在人头上。每个人只有明白自己是谁，要做什么，才能够做到心无旁骛，脑子灵活，不钻死胡同，及时处理自己工作上的问题。正如，微商数量一多，如何管理砸价危机，如何处理压货问题，如何挑动整体的工作氛围，做到"积极不懈怠、努力不疲惫、向上不悲观"，等等。

以上这些都是布局与管理中必要的思考。

五、说得多，不如彻底地干，再不断调整，不断前进。打战就是以优胜劣，以多胜少

很多方式，看似对的，但是并不适用你，那就是错的。我们必定要吸取血的教训，在血的教训上才能判断出适合自己的办法。

淘金汇发展至今，从开始的9.9元到现在的3000元，我严格要求自己，每天至少花一个小时在社群里，不断拉动大家向前制定必要的目标，同时不断解答群友在奋斗过程中遇见的问题。好在结果是看得见了。第一次8个审核群的500人分享成功。第二次32个审核群虽然失败，但也做好500人分享群及微信封闭二维码的效果。而这些都不重要。重要的是，让大家懂得其中的布局及管理，甚至《一切都是为了更好的诱惑》中的人性解答。

快鱼吃慢鱼。即使是持久战，也一定要懂得那是"战略上的持久战，战役上的速决战"。"以正和，以奇胜"，兵力弱千万不要硬打，多败。兵力相当也不要硬打，要懂得分出部分兵力，出奇兵。所以，要打胜战，一定要再在自己能力足够的情况下，通过有效的办法，迅速解决对手。

我们就是这样干的。所以，才能做出过去的成绩，才能让自己的群友以自己在淘金汇里面为荣。

同时，就是每个阶段的不断突破，使得社群的所有人得到了发展。甚至有群友用淘金汇的案例来做饥渴营销。

"就像我年前加入了一个微商管理社群，开始只要19.9元，我在犹豫，后来涨到50元入会，我还在考虑，当我决定加入时，必须到200了，只好交了200元。现在呢？入会3000元，你们说我赚了还是亏了？所以微商就是这样，早加入你肯定赚了。

这是他的原话，一个104人的分享会，他竟然收到了5个人的打款。

只要平台能够提供价值，人人以你为荣。

我在群里分享的一个主题"一切都是为了更好的诱惑"，里面就明确了，本质上营销是满足顾客的需求，而不是去强推销。明白了这点，就会更懂得对方，懂得对方的困难和需求，懂得自身，懂得自身如何做出利他的事情。

因此，我们现在收费3000元，是对大家负责，让大家觉得自己加入了一个相当具有实际价值的社群、用来增加自己能量的社群、让自己值得他人尊重的社群。

同样，当我明白，微商目前本质上的缺口还需要在管理及布局上，以及销售技巧、经销商压货及库存处理等方面需要相当大的提升时，我邀请了愿意参与的大方客气专业的老师，加入我们的社群。并且，在加入之前还必须是大家所认同的，觉得可以帮到自己的人。

穆兆曦老师，宝洁企业高管出身，团队空降圣元实现纳斯达克上市，在目标管理、布局等方面，都有相当的造诣。

陈海超超哥，我的老战友。化妆品企业高管出身，食品、化妆品渠道专家。除了渠道，在谈判上也有相当的造诣。

去年底，我们做了社群团队的问题解答"淘金汇需求及疑问解答"。就是不断地发现团队需要提升的需求，不断解决他们的需求。而这些，都是我须做的事情。并且，只有不断向前，才能带动团队的发展。很多人不禁会问，那么如果我掉队了呢？公众号里的文章给你最大的学习机会，自己团队内部分享以及实践是你最好的方式。我们不能走回头路，时代也不会给你走回头路。只有你自己，不断地补充自己。

台上一分钟，台下十年功。师父领进门，修行在个人。

所以，说得多，不如彻底地干，再不断调整，不断向前。

淘金汇的目标是什么？现阶段的目标是汇费收到10000元，分享会人数达到

10000人。不断上进是为了什么？为了以后团队的成员可以骄傲地对外说，我是淘金汇人，我见证了这个成长，更重要的是，我明确了自己的目标，明白了自己不能单单是个卖货的人，更要是一个懂得布局懂得管理，更懂得搭建平台的人。每个阶段根据自己的目标达成，明白了自己的不足和不够，尝试思维的突破，不断提升自己。同样，阶段性地达成几个目标，超越了原来的自己。

六、品牌战略，顶层设计

品牌战略与顶层设计，这两者是一样的，之所以要把两个都拿出来说，是有其中原因的。

一方面，品牌战略本质上是营销的前端。因此，品牌战略最终是要落在产品及价格的设计上面的。它是根据整个市场发展情况，确立的最终发展方向，以及呈现。如果基础健全，那么品牌战略一出来，差不多能做出的成绩就可以被看见。

顶层设计则是说，企业的战略是由顶层开始设计，最终落地。

这两个是同一个道理。但一定要明白，顶层设计，能够落地的根本是基础已经搭建健全，或者企业有足够能力搭建起健全的基础。

那么什么是品牌呢？品牌是消费者购买前获得的可信信息。品牌是一种消费者沟通术。你回头看看王老吉和六个核桃的200亿和150亿的沟通术"怕上火，喝王老吉""经常用脑，多喝六个核桃"，无非是建立在一个普遍认知下形成的大品类大市场。所以，用百亿眼光看市场，你能更明白自己的处境。进入了一个什么样的市场，未来有什么样的前景，这个阶段要做什么，下个阶段又要如何重新调整布局，等等。

"品牌战略"这一部分放在最后，是因为难以讲全，且一两笔不能概括的。想要学习的朋友，可以关注我今年要写的书。这本书的名字到现在没有确定，但是目录已经出来。大家看后或许会有些许领悟。

第一定律：调查——1消费者2企业3竞争（次序132）

第二定律：规律——1品牌2行业品牌3企业在行业品牌中的规律

第三定律：矛盾——1常识2机遇

第四定律：战略根据地——1做对2做稳3做量

第五定律：借势——1外势（时势）2内势（理念）

第六定律：学习——1过去2阶段

第七定律：对手——1产品2模式3现状

第八定律：差异——1唯一2第一

第九定律：节奏——1节点2变化

第十定律：管理——1布局2团队建设

时到今日，已经完成到第二定律规律中的第一条：行业品牌。

整本书里面会有说明，如何判断市场大不大，如何做更大市场，等等。就如同化妆品微商淘金汇一般，它不仅仅只为化妆品微商提供管理咨询服务，它更是为所有微商提供管理咨询服务。为何从化妆品微商切入？首先，在于化妆品微商是如今市场上最火热的群体。其次，化妆品微商的市场盘子够大，上千亿。那么，是否排斥了其他人进入？当然不是，因为这是一个微商管理咨询社群。想向化妆品微商借鉴经验的人会进来，想提升企业管理实践能力的人会进来，想学习互联网思维变化的传统企业也会进来，想做跟化妆品一样火热的其他企业主及高管也会进来。就是这样。

玮霖鞠躬。谢谢！

80后茶山姑娘一个月从0到15万的背后

文/茶仙子　微信/alven1988

图3-85　茶仙姑娘茶仙子

　　虽然自己的经历在论坛上写过无数次，但是真正要整理成文章却还是写了删，删了写。因为我读书不多，不知道我的表达能否完整。但是最终想想，还是真诚地表达吧，没有太多华丽丽的词汇，仅仅很朴实地去写出自己这么多年来一直努力追寻的状态。

一

　　我是个不安分的80后，生长在一个比较落后的茶叶之乡。5岁那年父母离婚了，我和妹妹跟着母亲生活。或许是因为我是长女，又加上从小到大总是被怜悯，我总有一股很强的责任感。我觉得我应该去保护我的母亲，保护我的妹妹。整个成长过程我就像个小大人，总能懂事地去承担生活扔给我的每一个难题。

　　就像2006年初中毕业的时候，我考上了高中，但我明白母亲一个人的压力，毅然地选择退学，踏上了我的打工之路。记得那时我的第一份工作是去给茶叶店做店员，但是因为我怕羞，不敢说话，人家觉得我笨，就被辞退了。

　　2007年刚过完春节，我去了广州。那是我第一次出远门，对这个时尚的大都市充满了好奇，也对我的新工作充满了信心与期待。那个时候特别辛苦，白天装货送货，一到晚上经常累得直接扑倒在床上。但是为了我的梦想，我总在晚上的时候偷偷学习粤语，学习茶艺、茶叶的专业知识。

在广州待了一年我又去了深圳，因为听人家说深圳工资高。为了尽快凑到开店的钱，我又只身进了深圳的一家电子厂。在快节奏的深圳，我第一次体会到打工妹的心酸。每天在流水线上机械地工作，那会儿我觉得梦想离我好遥远。记得在多年后我看到一个关于深圳打工妹的采访，我哭了很久，那样奋力挣扎的酸楚只有经历过的人才会懂。

二

在深圳工作了两年，19岁那年我带着省吃俭用的几千块钱回到了泉州。向亲戚朋友借了点钱，我在泉州洛江区找了个比较偏僻的门店，经过简单的装修，开启了我的小小梦想之旅。那不是多惊天动地的创业，但是我终于有了方向感。

对于这个小小的门店，我就像对待新生儿一般，用心地去呵护它。或许是我对客户的真诚，我对事业的执着与认真，打动了他们。我的小店生意越来越红火，慢慢地把我借来的钱还清了。但是我却又想折腾了，我又在晋江开了一家大一点的门店。本想着只要我一样努力，也是会得到好的回报的。但是这次我没那么幸运，因为我皮肤不适应晋江的环境，全身大面积长痘。维持了半年多，我只能亏本撤回门面，这次我把赚的钱赔掉了。

三

被打回原形的我，失落了一阵，但是负债还是得还。生活有时候就这么残忍，它就是不允许你堕落。这回我开始折腾2009年被我放弃的淘宝店铺，那个时候是一个论坛看到人家说淘宝开店铺能赚钱，于是我也心动了，觉得这是个不错的机遇。但是那个时候我连电脑打字都不会（因为我没读多少书，初中的时候因为是山区也没有电脑教学）最终放弃了。然而这次重启我的电商之旅，除了生活给的压力，也是因为不甘心。总觉得有一件事情没有做完，心里总有疙瘩。

于是我开始学习图片拍摄，图片处理，网店装修。那会儿为了拍摄图片，经常熬到凌晨3点，但是最终修下来的图片也就一两张能用。

后来自己一个人做客服，售前售后，每天发100单的货，经常一天就一包泡面度日。但是为了梦想，那样的日子却也觉得是甜的，每天都是那么充实、快乐。

四

2014年7月份我第一次听到微商这个词，其实那会儿已经有几个比较火的面膜产品，只是我做茶叶，朋友圈大部分是男的，所以对于那些热火朝天的爆款我是闭塞的。无意间我的朋友圈里出现了一个面膜做得不错的女生，我默默地关注了她几个月。10月份，我从她那里认真地了解了产品，拿回来亲自试用，最后也开启了我的微商之路。刚开始跟很多小白一样，觉得我在朋友圈发发产品信息总会有人买的。由于我比较注重自己的圈子，从一开始就不刷屏，最初还是有人购买的。那时还是信心满满，加上团队大幅度的整囤货优惠政策，每天打鸡血的课程，我囤了几万块的货，但是我不忍心把货囤给代理，总是劝他们量力而行，最终到年底所有的产品都压在自己手里。

整个春节我都在灰暗里度过，看着一箱箱的面膜躺在我的面前，我开始怀疑自己，开始迷茫。情绪低落到谷底，这种状态应该像当年第一批进入淘宝的人，做不好但是却怀疑淘宝真的能做吗？

那个时候真的好痛苦，感觉自己走在深渊，看不到希望。家人也埋怨我，快三十岁了不找个人结婚，还在折腾这些做什么，钱还没赚到。整个春节我把自己关在屋里，谁也没见，静静地想这几年我折腾的过程，我坚持要有自己的活法，难到真的是错的吗？

思考了很久，觉得我还是不能放弃。以前总有朋友说我做事三分钟热度，什么事都只是略知皮毛，没有一件事情是能做好的。想到这些，我发现我不能活在别人的这种印象里，不想一辈子一事无成，。于是我决心逼迫自己增强执行力，把以前只是考虑的事情，认真地执行落地。

五

偶然的机会我在柴公子的朋友圈看到一个90后的微商达人伊酱，她有自己的微商学员，专门教小白，于是我毫不犹豫地进了她的学院。人生有时候就是这样，在你觉得是绝境的时候，总会有不一样的风景出现。我在伊酱的商学院学到了系统的微商知识，更重要的是我遇上了我的贵人——一个有情怀、高情商的美女电台主播。在她的教导下，我学会了怎样经营自己的朋友圈，怎样制作很好的文案，靠美文美图去吸引人，让用户主动咨询、主动下单。

于是我像找到了主心骨，终于又有了方向。20岁时候初创业的那种激情又回来了，我又开始自信了。这时候我发现做微商的初衷也可以不一样，除了赚钱或许还能做一些其他有意义的事情。比如把正能量带给处于低谷的人们，或者自己有能力了可以去帮助一些需要帮助的人，不管你有多少力量。

我开始给自己定位，给自己分解目标，一个个去设立执行的方法。其实跟什么样的人在一起真的很重要，跟对人才能做对事，同时也要学会去借力。

六

有了方向和目标后，我开始一步一步分解执行，把最初没有去做的事，又一点一点地认真做一遍。前期自己费了一些精力，包括从最基础的附近人搜索，摇一摇，漂流瓶，到微博、陌陌、论坛，贴吧的引流，每天大量换群，互粉互推，我用了一周的时间，粉丝加到了3000人。其实并不是精准引流，有互动的大概也就是几十个人。所以那些所谓的粉丝也就是数字，根本就没用。于是我就开始想怎么吸引有效粉丝就是精准引流，于是锁定年轻女性，吃货，微商起步者和实践者。首先我进了很多关于微营销的贴吧、论坛和QQ群，每天泡在里面发帖，分享干货，迅速积累人气。我的每一篇短文或者观点，只说一半，后面留下自己的微信号，这样每天加我的人很多。原因很简单，他们想获取知识或有用信息，而我也会不断地设置诱饵，就这样我加了很多想一起学习的人，那么他们会跟随你，关注你，你在这部分群体中有了自己的影响力。除此之外我也进了很多吃货或者都市达人的论坛、贴吧和QQ群，同样每天花时间泡在里面交流分享，就这样又加了一大部分目标消费群体。就这样积累了1500人，我觉得都是比较精准的人群。后期才体会只有多写软文，多写干货，才是最有效的引流手段。因为加你的人都是认同你的价值观或跟你一个频率的人，而这部分人最容易成为你的铁杆粉丝和合作伙伴。

　　因为我的朋友圈风格开始改变，也开始有温度。加进来的人大部分都有互动，而找我买护肤品的人，我都会很真诚地写一封长长的信，告诉她们怎么使用，该注意什么。鉴于我的用心，很多客户都开始回购，并给我转介绍，终于我的囤货处理完了，新品还招到了一批代理。

　　我叫茶仙子，本名王月云。以上是我真实的故事，我是一个平凡的人，却总做着一个不平凡的梦。如果你还有梦想，请不要停止，也不要错过。

kk娘的微商之旅

文/KK娘　微信/ixiake

图3-82　虾客创始人KK娘

记得小时候，家里经常是高朋满座，都是因为我老妈有做菜的好手艺。那时我还小，看着她一个人在厨房里忙进忙出，我还时不时给她制造小麻烦，瞎捣蛋。再大了些，会帮忙洗洗菜，涮涮碗。但每次我跃跃欲试想做个菜时，老妈就会说："你现在还小不用学，你也不会用刀，在旁边看着就行。"直到来北京工作前，我在家下厨的次数也屈指可数。刚到北京，几乎每天在外面吃饭，被各种餐馆、饭店残暴洗礼，我觉得必须为自己负责，这才真正开启了我的厨艺之旅。记得当时我经常打着电话边听老妈说步骤边做菜，学到了不少老妈做菜的秘方。

金牛座热爱美食的特点在我身上发挥得淋漓尽致，每周末我就变着法子找好吃的饭店、小馆，下载喜欢的菜谱研究，甚至到后来看到美食节目、美食电视剧里有感兴趣的菜，我都会拿来研究学习做法。因为太喜欢吃，开间小小的美食店在我心里埋下了根，发了芽。开一间小小的店，白墙白椅白围裙，与每天来店里的顾客聊天，听听他们的故事。

2014年我预备开一间实体小店，圆我的梦，可现实却很残酷，困难重重。北京任何一间小小的门面都经过了好几个店家之手，门面转让费已高得难以接受；而且房租也不便宜，房东还要求每年要递增，开店还要有餐饮营业执照。这些统统让我有些措手不及，开美食店的想法被迫暂时搁置。

我还记得是夏天，刚好有朋友来北京出差，见面聊起了我的开店想法。他说："现在很多人都在做微商，你也可以尝试一下。实体店对各方面的要求太多了，做微商投入的资金肯定没有实体店那么多，而且微商也是大势所趋，也算是一个新契机。"看了他朋友圈里做微商朋友发布的信息，也找他们聊了聊，也了解到这些人在用微店平台做推广销售。就这样我开启了微商之旅，正式开通了微店。

图3-87

微店是开通了，但是做什么呢？代理面膜？我自己没用过。减肥产品？我一直主张运动减肥，这个也pass。直到有天在家宴请朋友，突然想到我既然喜欢吃，微店就做美食好了。

我是地道的湖南妹子，大家说起湖南首先想到的是辣椒，再有全国最火爆的电视台湖南卫视，毛主席喜欢的毛氏红烧肉、臭豆腐，还有近几年汪涵、何老师在节目里常常提到的长沙小龙虾。

北京家喻户晓的是麻辣小龙虾，但是湖南味道的小龙虾并不多。在长沙时，我就很喜欢吃小龙虾、虾尾，于是拍板决定微店围绕小龙虾为主制作类似美食！做属于湖南味道的长沙美食。

菜品方向定了，还需要有个品牌支撑，取名字、设计、包装都要规划、考虑。"KK娘小龙虾""老板娘的店""长沙小龙虾"…………那段时间每天的工作，边研究、制作菜品边想品牌名字，感觉24小时根本不够用。当时也骚扰了不少好朋友，每天在微信里上演逼问名字的戏码，他们调侃我为"虾娘娘"。

图3-88

最后选择了我最喜欢的一个名字——"虾客"。名字的由来是基于我主营的海鲜、河鲜类的产品，选取"虾"作为海河鲜，也是小龙虾的代表；而美食界对我来说是一种江湖，"客"就代表了所有对美食有一定要求的食客，目标客户正是闯荡美食江湖的各路侠客。"虾"又和"侠"同音，我特别喜欢"虾客"这个名字。

有些顾客不太会吃皮皮虾，为此我还设计了两款"虾客心诀"。

图3-89 "虾客心诀"之一

等到一切准备妥当，正式开始营业已经是8月底。而收到陌生人的第一个订单，已经是10天以后。对方不是湖南人，在长沙吃过长沙虾尾后深深地喜欢上了这种口味，回北京试过很多家的小龙虾都觉得味道不像。吃过我家的虾尾后一直和我说，还是长沙人才能做出那个味，一是觉得味道像，二是干净、新鲜。受到这样的肯定和鼓励，让我充满了动力。

虾客里的美食相对有季节性，冬天肉质没有夏天的饱满，顾客对产品的需求也会相应减少，怎么留住顾客也摆在我眼前。我调整了产品，一些冬季不盛产的美食下架，尝试增加做一些季节性相对不高，可一直销售的美食。比如猪蹄、鸡翅、饼干等。

可能是对我产品的肯定，也算是成功转变微商的代表之一，微店邀请我和其他几位小伙伴一同拍摄了微店投入市场的首支广告片。

很多微商小伙伴认识了我，知道我是做美食、虾客的KK娘。也有买家在和我聊天时，突然问："你是那个微店广告里的kk娘吗？头像和视频不像，哈哈。"作为一个入驻微店时间并不久的我，也是众多微店卖家之一，被官方肯定、顾客认可、同行喜欢，我深感欣慰。

现在"虾客"还是在自给自足的阶段，希望未来能突破局限，成为一个有感染、号召力的品牌。

用平台做特产

文/艾洚　微信/VS5005

图3-90　微商大学创始人艾洚

我是个sales，销售管理已10个年头。

2014年10月开始涉足微商。花名：艾洚；英文名Abbott。目前运营微商大学ID:vs5005微信公众号。旗下微商货源商城收录40余款厂家一手货源商品，三家企业货源网络渠道独家总经销授权。

今天讲一讲我做微商的故事，经验谈不上，教训一箩筐。分享一下我走过的弯路，希望能帮到大家。

弯路一，初期店铺反复装修。

开始和大家一样，不想在自己常用的微信号上发布广告消息等，那时微商在朋友圈常被骂为广告GOU，相信很多人经历过吧。于是我新申请了一个微信号。并且最初就选择了以微店铺形式经营，并不是直接微信收款。花了两天时间联系朋友们，找了个批发特产的朋友，卖他的货。此时我没有先去加粉，而是网上搜索对比，然后下载注册了微店，开始研究微店。微店容易上手，但店铺装修得自己花心思，需要图片美工的能力。于是开始学习photoshop，刻苦学习了三四天，教学教程才只学到一半，学过的一半也是云里雾里。后来发现，我错了，店铺装修拍照做图，用美图秀秀软件电脑版足够了！于是背起我的单反，到批发商朋友那里一顿咔咔咔。然后开始美图秀秀做图装修产品、上架。50多个产品，图做下来快吐血了。还只是简单地美化，剪切拼接。一周过去了，忙完发现朋友圈发图片都带水印，好像不带水印就不是微商似的。好嘛，我也跟着做，重新装修图片，一张一张加水印。后面又学会了批量加水印，忙活一天多水印加完，全部又重新上架……其间经历的水印设计、logo设计改了好几版。不知不觉，一个月过去了，我就折腾店铺装修了！忽然累了，静下来停了大半天。人一静下来，我得空思考这忙忙碌碌的一个月，忽然发现我犯了个大错误。别人加水印是为了假货盗图，我加水印只是为了宣传我的店铺。每张图片都加店铺logo，我的微信号。虽然历经修改了五六版自己设计的水印和logo，也像1号店那样做得自认为高大上了，可是忙着做这些的时候忘了这些又都是无用功，因为，专业的话叫作客户体验，通俗地讲，商品是给客户看的，弄得花里呼哨的，谁爱看？于是，这一个月的时间我回归原点。重新装修了店铺，简洁清新，格调一致。边做边学习，看看大品牌的店铺装修，听听微店商学院的一些基础的技巧等，疯狂地吸收很多基础性的知识。也终于明白了店铺装修应该从产品结构设计、产品装修、格调等各个层面各个细节去考虑，内功深着呢，不过也总算走过了店铺装修的弯路阶段，有了明确的方向，知道应该如何做了。

弯路二，公众平台搭建。

我们开始玩公众平台，已经错过了公众平台的野蛮增长期，但也在它的高速发展期间，所以认真思考后，我选择公众平台链接店铺作为我发展微商的方向，而且很多品牌已经在这条路上风生水起，业绩骄人了。于是，打理微店开始零星的朋友单的同时，开始注册公众号并开始每天编写图文！编什么呢？爆笑段子笑话。一周做到了一百多人关注。每篇文章的原文链接都链接的是我的微店。此时，随着我对公众平台的熟悉，发现我又错了，当初注册的公众号类型是个人，认证困难，不能认证就没有很多权限。于是，要以企业认证一切再从零开始，办理企业营业执照、组织机构代码证、税务登记证、对公账号开户、食品流通许可证。各种办证，你懂的。全部办完，微信认证，设置菜单连接到微店，重新开

图3-91

始运营传播积累粉丝。又一个月过去了，所以如果有这方面需求的朋友，我这里劝大家，如果为了将来的发展运营公众平台，建议大家用企业注册订阅号或者服务号。

弯路三，更换店铺系统，选择有赞（口袋通）。

正式运营微店，开始的订单，全都是朋友单，而且多都在线下交易了。微店虽然可以开通口袋直通车，但直通车需要购买流量（为新人解读：流量就是到你店铺浏览的人）。与淘宝搜索排名同理。说起来本质还是中心化（为新人解读：微商的定义目前没有权威来定论，我个人喜欢引用有赞白鸦的说法，微商的特点是去中心化。在淘宝开店，需要"购买"淘宝的流量，引入店铺转化盈利，淘宝就是个流量中心。而微商，是积累自己的粉丝，打破中心流量限制，玩儿自己的流量转化盈利），而且最重要的是没有与微信公众号和微博打通，所以微店本身的粉丝管理和互动形式有局限性，与粉丝的互动形式和转化面临很大挑战。于是经过多方对比反复了解测试，最终选定了有赞（口袋通）商城来进行运营。原因是有赞是最专业的为电商服务的平台，打通了微信微博，各种营销工具：大转盘、刮刮卡等；还有很多专业化店铺管理的功能，这里不做赘述，确实赞。所以，你懂的，再次经历店铺装修，有赞系统研究学习再到熟练使用。时间不停，熟练使用有赞商城，又是大半个月时间，已是2015年1月。在这期间认真学习了微信官方首次发行的书籍：《微信思维》。所以……有了一个跨越式变化。

跨越四，从微店，到渠道平台。

微信思维第一部分写道：微信不只是平台，更是思维！

微信要做连接的使者，连接可以连接的一切。人与人、人与设备、人与组织之间自由无碍的连接必将创造互联网的新生态新部落。这种连接，必将使去中心化的微商模式爆发式发展，而我也深深体会到这种连接带来的无限可能，每个人的思维都可以媒介这种连接自由发挥！于是，我想做一些连接的事情。其中最主要的就是广大微商和货源之间的连接。于是微商大学公众号在2014年12月诞生。我怀着梦想，在微商大学公众号介绍栏里写道：国内微商No.1服务平台！相信大家现在在公众号里搜所微商大学的名字，能看到在该领域搜索排名No.1的就是我们了。一边忙着找关系联系各个厂家，实地考察，洽谈合作，一边到了2月份过大年，春节期间，微信红包疯狂行动。仅仅2天时间微信绑定个人银行卡2亿张，干了支付宝8年的事。在这个红包风口上，微商大学红包发放未能设置完善，错失了一次发展好机遇。但也有收获，那就是通过了有赞的压力测试，通过了有赞认证服务商的资质审核，现在更名为有赞拍档，可以有能力为公司或者个人进行提供O2O落地解决方案，店铺装修、活动策划执行、代运营等的业务服务。而这些服务能力的具备，其实都得益于之前店铺经验的积累和不断的学习。时至今日，平台运营近4个月时间，粉丝开始爆发式增长，微商大学社会化渠道分销平台建设完成，也聚拢了一批有着共同梦想的和我们一起做这个事业，洽谈了很多货源厂家和网络公司媒体公司合作伙伴，其中以微商大学平台为独家网络推广渠道的有福建茶娘子公司（投资300万项目－金线莲养生茶）、新疆沙漠天香科技有限公司（投资300万项目－新疆特产）、新疆唐古大漠酒庄（投资8000万项目－国际高品质红酒）。合作媒体目前咫尺网络－H5微页网络传播黑马（合作推广伙伴）、有赞－市值10亿美金（有赞服务商项目－有赞拍档）。

一路走来，虽然走过很多弯路，但感谢所有加入微商大学的伙伴们，是你们陪着微商大学在一直成长，其实，任何创业都没有捷径，不过先做初步的了解和学习非常有必要，所谓磨刀不误砍柴工，时间就是最高的成本，盲目地损失了让人心疼啊！在初步了解了之后马上去做才是重要的！边做边学习，找对方向，成功总会在你前面。

微商，咱们要走着瞧，不要等着看！

生活要大快人心，不妥协！
人生要大块吃肉，痛快走！

文/肥虫　微信/pingcoke0

图 3-92　大块牛肉创始人肥虫

不说情怀

一个人，150天的经历，15000公里的骑程，去往不可取代的目的地——西藏。那里有万里晴空，有纯净信仰，有远离喧嚣的自然，还有去那儿总要吃一块的牦牛肉。

现在总有人在谈情怀，但有时候，潇洒走一回，凭的只是我喜欢。我并没有受到过伤害，也不是为去那儿洗涤心灵。只是因为我喜欢，人总是会有各种各样的情节，因为得不到忘不了，所以会一直记挂。

很多时候人往往可以做很多事情，但总是不具备勇气。大块说，只有放手一搏，先走了再说的勇气，会发现世界比自己想的更精彩。

不讲故事

总有人会提到旅行的意义，总有人会写到旅行的故事。但是大块不讲故事，没有特别的故事，走了一万多公里，风吹日晒，雨露风光，从夏天到冬天，黑夜白昼轮转，各种天气都碰到过，大块说很好玩，很过瘾。可能体验本身，就是故事。你的不讲故事，在我眼中便是情节。

大块吃肉大口喝酒的痛快，人生必须过瘾！

"大块"的名字，源自一句大块吃肉大口喝酒，活个痛快不虚此行。有话直说亦是他的性格。

到了西藏，人们都会去吃几片风干肉。但是有过餐饮经验的大块是知道的，现在西藏市面上售卖的牦牛肉90%都是假牛肉，因为牦牛肉成本高，加上西藏工业不发达，许多商人逐利，会用内地省份生产的便宜假牛肉运到西藏再包装成本地牛肉贩卖。

图3-93

直的人做事也是执着的。大块坚持在西藏，坚持用牦牛肉，所有牛肉都产自西藏林芝，也就是西藏的江南，再专门找一些当地老藏民老师傅去做，所以仅在成本上就要高于市面上牛肉的零售价。而且产量不多，需要提前20天到一个月的时间才能预订到。

当你经过长时间以至于快忘掉的时候，一包满怀情意的快递交到你手中时，之后你会品尝到最正宗的牛肉味。不同于超市里淀粉添加剂很多的快餐牛肉，而是耗时最久、原料最正宗、品质最正点的牛肉感。

大块粉丝，看热闹不嫌事大

现在很多年轻人都吃过大块牛肉干。他们这群人中有些性格就像大块说的——看热闹不嫌事大。

图 3-94

"我的牛肉又贵又硬，来买我的都是真爱。"

同时，他们也是一群具有质感甄别能力的青年。而让大块印象深刻的是，有位粉丝说，唯一给他一岁半的儿子喂过的牛肉干就是你家的。为这件事大块感动了好久。愿意将牛肉喂到1岁半孩子的嘴里，又何尝不是建立在彼此间的信任。不过毕竟，自有大块牛肉干以来，就是0差评的信用，也不是盖的。

大块说

图 3-95

"没有特别想传递的想法,然后也没有特别喜欢的电影和音乐之类的,因为比较多变,好玩的东西我都愿意接受,我也会去看动画片,去听一些小孩子唱的歌。没有特别会去纠结一件事,是个比较随意的人,喜欢新鲜事物。但是不喜欢鹿晗啊,吴亦凡啊这些小鲜肉。"大块一边嘴里嚼着食物一边随意地说。

最大块

大块是随性生活的爷们儿,是大快朵颐的牛肉干,是大快人心的不妥协。

一盒红糖，两个人，半年销售3000万

文/小马云（赵书军） 微信/381590726

图 3-96

一、选择红糖源于一个承诺

2013年我在贵州黔西南州望谟县移民村出差。当地农民对我特别好，鸡鸭鱼肉做给我吃，每顿给我打酒喝。看着家徒四壁的村民，我心里很不是滋味。"他们那么穷，却对我那么好。"我问村民，你们有什么？当地村民说有甘蔗。我又问村民，你们会什么？ 村民说就会用古法熬糖。我对乡亲们说，你们熬糖吧，我来卖。看到贫穷落后像一根无形的绳索勒着父老乡亲，有种喘不过气的感觉！所以选择古法红糖作为产品项目，来一次互联网探索。

图 3-97

二、不卖红糖先卖人

这个大家不要害怕，并不是贩卖人口，而是移动互联网达成交易购买的核心逻辑，不再是因为产品本身的功能多好就购买，因为你说的再好，但是我对你不信任，那你说的都是白说，这也是广告转化率大大降低的原因。移动互联网达成购买交易是因为喜欢你这个人，信任你这个人，信任你推荐的产品。我开始在一些社群分享部落电商理论、创业经验，一个多月的付出，很多人听过我的课，很多人主动加我好友，向我咨询，让我出主意，我晚上12点有时候还在和他们交流，开始一些人问我，问我卖什么产品。现在移动互联网，大家购买更愿意考虑，购买是和谁连接，在卖糖之前，我先把我这个人卖出去，让大家认识我，知道我的价值，认可我，并信任我，有了信任，有了生活，自然就有了生意。

三、表白找到合伙人

一段时间的付出，收获了众多人满满的信任，我把王小布古法红糖进行场景化，转化为一种爱的味道，王小布不能只让女人自己给自己买，要让男人给女人买，那是爱的味道，把这个理念，给大家一说，在群里，在朋友圈一转发，这既是表白，我不去劝说说服别人，我像一个和尚，一个人在念经，一群人我也在念经，没有人时，我自己给自己念经，选择大于培养。迅速召集了108位合伙人，大家在群里互动，体验，为王小布众创文案，策划，提供资源，在这个过程中，每个人的才华得到自然的展现，根据贡献度参与度奖励股份。

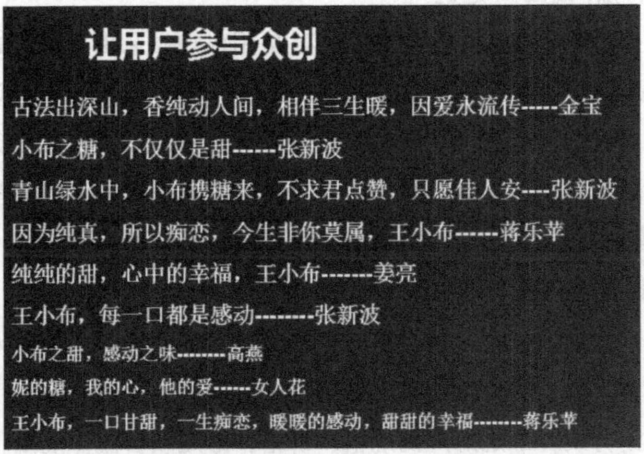

让用户参与众创

古法出深山，香纯动人间，相伴三生暖，因爱永流传------金宝
小布之糖，不仅仅是甜------张新波
青山绿水中，小布携糖来，不求君点赞，只愿佳人安------张新波
因为纯真，所以痴恋，今生非你莫属，王小布------蒋乐苹
纯纯的甜，心中的幸福，王小布------姜亮
王小布，每一口都是感动------张新波
小布之甜，感动之味------高燕
妮的糖，我的心，他的爱------女人花
王小布，一口甘甜，一生痴恋，暖暖的感动，甜甜的幸福------蒋乐苹

图3-98

四、两条腿走路

部落电商社群经济代表着未来，传统渠道、媒体都在走下坡路，但是不要太迷信互联网，虽说自媒体、部落社群是代表了未来，是一种趋势，但是毕竟是一种趋

势，传统渠道不要丢，互联网是重点，着眼点做用户的增长性，要兼顾产品的赢利性，王小布就是两条腿走路，传统渠道要做，淘宝也做，自媒体也做，重点是部落社群，移动互联网要有全网营销的思想，所有的准备都是为了等待某一个事件引起的爆发，所以，第一，要保证产品的绝对的有质量保证，否则只能过把瘾就死；第二，努力的同时不要忘记寻求爆发点，太多好东西默默无闻了一辈子。

五、让群主成为一种职业

2015年是中国移动互联网元年，部落社群将成为未来经济发展和传统企业转型的重要趋势，10年前，pc电商平台开始起步，那时候如果你说我将来打算开个淘宝店作为职业，父母朋友肯定都认为是一个笑话，但是现在年销售100万的淘宝店主比比皆是，部落社群也是一样，群主也将会是一种职业。

群主要想成为一个职业，首要就是要群主可以通过经营社群可以获得收入，并能维持生活，改善生活质量。目前各大商场门店门可罗雀，并不是人的需求降低了，人的生活水平在提高，需要更高了，只不过转移到了电商平台和微信微商平台，有的门店几天都没有一个人进入，销售员比顾客要多，大家都聚集在微信等社交软件上，比如王小布古法红糖就招募了众多群主创客，微信现在一个群最多500人，一个人可以管理3-4个群，就是1000-2000人，不用房租，也没有水电人员工资，只是线上沟通交流，付出时间和感情，服务好群内成员，节点式销售产品，每个月基本能获得7000元左右的收入，相当于白领一个月的工资，时间还相对自由。

六、同频同行加入组织一起走

王小布项目是炎黄部落的一个产品项目，是相对独立又相互协作的关系，大家在建立社群时就是必须认可炎黄部落的宗旨：在富贵中修行，务本求真，追求简单。有共同价值认可才会认同，王小布的群主就是炎黄部落的群主创客，炎黄部落正式成员需要群主推荐和影响力。有个组织很重要，能够迅速打通各个部落社群成员的心，这样才有组织归属感。

七、你也可以这样创业

王小布整个过程就是一整套平民创业模式，这套创业模式基于以人为中心的商业生态和股权模型，以产品作为一个入口，把产品场景化、人格化，转化为文化、情感或者一种生活方式，确定好产品规格、价格，形成项目整体规划，开始众筹合伙人。合伙人制打破了企业的边界，替代的是企业原来的策划、宣传、推广、营销等部门，合伙人到位开始由合伙人对产品进行众创，众创的过程是最有价值的阶段，人在部落里互动、交流，每个人的智慧和能力得到自然的展现，人才得到uber化，通过众创过程的互动，创造了产品的包装、策划、文案、宣传、推广，根据贡献会给合伙人奖励股份，接下来通过众包给天使产品代言人建立粉丝部落，不断价值输出、文化价值观输出，形成有同频同趣的有共同价值观的亚文化群体——部落，部落成员会在部落里学习到部落电商理论和实操方法，对那些创客人才和优秀产品项目，可以孵化辅导这些人创业，由于经常互动交流，可以迅速在部落里找到创业团队人员，创业最缺的是人而不是钱，从而实现众扶。这种平民创业模式，诠释了李克强总理提倡的"四众"，实际上就是大众创业的落地实操模板。

平民创业模式是一个金融股权模型，这是基于互联网人的聚合，互联网考量价值的两个关键是：在线率和流量，在部落里，在线是一种常态是生活的一部分，人在流量即在，更关键是这里每个人都在互动，这个价值是股权模型的值钱模型，而不只是纯粹赚钱模型，资本市场会把每个人的价值得到资本化展现。

在部落里更多的是社会交换，不再是经济交换，比如你在部落里学到了知识，认识到了朋友，建立起的信任等都是无法直接用金钱衡量，社会交换让人性得到回归，不忘初心。

推行平民创业模式对重构社会诚信体系有重要作用，而且在部落里有助于树立人们的正确的信仰和价值观，提高社会正能量。

罗辑思维五问宋梨之27天销售260万

文/罗辑思维　微信/sonfengyi

图3-99

　　宋峰逸是我见过的最具死磕精神的人，满怀一腔热忱，没有口号，埋头实干，是我能给出的最朴素的注脚。——当然，也有可能是我认识的人少。但品尝了那么多梨之后，如此精致细白水嫩的梨，我认为宋梨作为"互联网第一梨"当之无愧。

——来自：罗辑思维

昨日"金领"
今日"新农民"
只因热爱这片土地

与宋梨的邂逅

　　我认识宋峰逸，缘起工作需要，一日我正好完成一篇策划案，浮生偷得半日闲，受宋兄之托，为宋梨写了篇推广文案，写着写着，突然有一种想尝一口味道的冲动，于是安排工作人员在网上下了一单，可能是生意比较好，物流比较慢，到了我快忘记的一刹那，这盒梨不失时机地出现在我面前了，我一看，包装袋上印着："喝着牛奶长大的梨"。乖乖，哪只梨有这么好的命？我洗都没洗用衣角擦了擦就猴急地吃了一口，抛弃了我作为一名中产阶级应该有的矜持，连皮吞下后，哇，我看了一眼堆在我办公桌边的特仑苏，很难想象一只梨的基因能和一盒牛奶结合得这么好。

我还在体会着"念念不忘"这个成语的意味。

后来的日子繁忙许多，我的肉体穿梭于日常工作，我的精神奔波在Excel、PPT和Word之中，宋梨是我在茫茫梨海中的初恋，我知道从第一口起，我就已经败了。

图3-100　五问宋梨创始人

1问：你当初为什么会辞职选择做宋梨这个项目？

答：我是农村出来的孩子，对农业有着难以言喻的情感寄托，我的父母就是依靠双手勤劳付出才有了我们兄妹的生活保障，从求学到工作一直没有断了对农业农村的关注。"做一个农产品的品牌"是我一直以来的想法。我不相信"死磕"只是互联网时代的罗胖嘴里的东西，它自古就有，而我要在这片土地上让这种艰苦奋斗的死磕精神得到传承。我要让父母辛劳一辈子的土地能够品牌化、口碑化、人格化。

2问：在做宋梨这个项目的时候遇到的最大困难是什么？你是如何跨过这道坎的？

答：最大的困难是宣传，好的东西没有传播等同于没有，我们试着去众筹但由于时间紧急不得不暂时放弃，最终，互联网端我们选择了"罗辑思维"，非常感谢罗辑思维及所有幕后的小伙伴，让我们节省了很多宣传层面的时间，把更多的时间配置在包更多更精致的礼盒上，我爱你们。

3问：在你眼里的农业循环种植养殖应该是什么样子？你自己的农庄在循环种植养殖上是如何运作的？

答：科学的循环种植养殖模式在我眼里是一个无止境的探索过程，你永远不可能做到最好，但这就好像爬山，一山更比一山高。循环种植养殖有一个基本的模样，就是残余物价值最大化，不管是动物粪便还是植物落叶，亦或是田间流淌的水源，都能以最大的价值被利用。

我们的循环立体种养模式还很初级，我们临沂老乡蒋高明教授非常专业，平日里蒋大爷回临沂都会叫我去参观学习，跟他学习了很多东西，他的模式和技术水平都是国际领先且适合沂蒙山本地的，对于天创生态农业有非常高的学习和借鉴意义；还有待结合我们农场实际情况去做适合我们的中级、高级循环立体种养模式。

4问：你认为做成宋梨这个项目最大的因素是什么？为什么？

答：严格来讲宋梨做的不好，只做了传统渠道销量的1%，但我们从此窥见了互联网时代下品牌扩张的版图，嗅到了互联网技术下品牌传播的趋势。这是十五年的风风雨雨、十五年的辛勤耕耘，十五年不忘初心、十五年的品质积淀，26户农民，5500多个日夜的品质打磨，换来台湾原种丰水梨的蜕变升级。天创生态农业和"娱乐圈"最大的区别是我们始终如一，坚守着沂蒙山人倔强的人生准则：真爱经得起等待，专业经得起考验，死磕经得起岁月变迁！卓越品质，跨越时空叫屏幕另一头的您安心。

截止宋梨产品清库，消费者品质满意度好评率100%。

5问：你认为做成了宋梨项目，除了现金收益之外，最大的收获是什么？下一步你有什么打算？

答：内心的成就感是我最大的收获。父母和我两代人都是种地的，对土地有着自己的情感和认识，以前我所在地区农民的收益一般，我一直想改变这种境遇，让我们农民小伙伴多赚钱，通过这个项目我觉得我收入变好了，生活质量提高了，孩子们的笑容更灿烂了，内心的成就感瞬间无远弗届。这让我更有热情、更有信心去生产更多、更好的产品，开启一个良性循环。

我希望为消费者提供更便捷、更新鲜的农副产品；我们学着接触互联网，PC

端、移动端、社群、微商城等等可以拉近消费者距离的一切工具；我带着乡下的小伙伴学摄影、学设计、学包装，当一个个问题飘然而去之时，也是我们的商业能力升级之日。我不学罗永浩扛着情怀大旗地表演相声，我会逐步将农场的农副产品上网，在我们互联网渠道成熟一点时会把乡亲们的农副产品一起放到网上，带领更多农村青年去创业，扩大我们的队伍；把我们的经验教训总结无偿分享给家里想创业的小伙伴。虽然宋梨是我现在的产品，但我的产品一直都是我自己。我为农民代言，更为自己代言；望朋友们多多支持好产品，支持宋峰逸。

渔夫手记

我们花费3个月时间发动全网，从提交的几千个故事中，认真仔细并严格审核通过了上面这些真实、接地气、有正能量的故事，这里面有做得非常成功的，也有来自草根的创业者，他们或许没有取得多少成绩，或许刚刚开始，但是他们的决心和做事的方法、态度，值得广大读者朋友们学习，为了保证真实，我们对提交的故事内容，没有做任意主观的修改，尽量原汁原味地保留了原创作者的心声，当然有些朋友的写作能力不强，尽管文采不能飞扬，但是你细细读来，会从字里行间发现他们的强韧和对事业的态度。

如果你也是微商创业者，如果你也是走在创业的路上，请把你的心声告诉我们，我们会把你的故事分享给更多的人，与创业者共勉，为后来者指路，扫描二维码，把你或者你身边人的故事告诉我们。

图3-101 扫二维码，告诉我们你或者你身边人的故事

第四章　渔夫微商人才招聘文案精选

> 微商的发展离不开人才，那么在面对10家企业9家缺人才的现状，专业型的微商人才、懂微信营销的人才哪里才能找到呢？

4.1 微商时代，你需要一个会玩微信营销的小伙伴

图 4-1

　　微招聘、微人才分别是微信招聘和微信人才的简称，是国内首家专注于服务微信人才的平台，填补了国内专业招聘微博、微信等微人力资源方面的空缺，深掘细分市场，服务对口人才。

　　专业领域的人才招聘不是人力资源师干的事，相反有的时候还会误事，公司急招，应聘者还有投简历、等通知、初次面试、再面试等烦琐的事情，微招聘要做的

图 4-2

事情就是，让你的需求飞速、精准地传达到老板（或人才）的手机上，省掉不必要的HR（或中间人）等烦人的环节，直达核心。

一、极致观念

0.1　快（速度）

0.2　准（人群）

0.3　精（人才）

0.4　用最低的成本完成最有效率的事情

0.5　急事急做，对有紧急需求（急招类）的用户，可瞬间将其需求信息传达到对应人群。

0.6　拉勾网的成功是因为专注互联网人才，互联网很成熟了，我们不掺和，移动互联网太热了，我们不跟风，移动端的社交媒介太多了，我们不专业，做，就做细分市场，把微信人才服务做到极致。

0.7　玩微信的圈子小，可以拿出更多的精力做用户黏性，所有关注微招聘的企业和个人都可以终生免费参加我们在线上举办的培训课程和在本地举办的线下沙龙。

0.8　微招聘可以替代企业做第一步的微人才招聘计划，即用我们的专业性对应聘者做前期的过滤，以便提高对口率。

0.9　不做，怎么就知道一定不会成功？

1　马上做。

二、页面设计

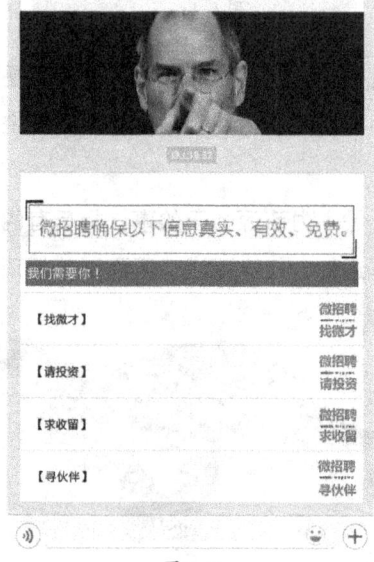

图 4-3

三、推广机制

微招聘团队由微信、微博、博客领域的自媒体人士、百度搜索引擎算法工程师、原联软和Tencen应用宝技术大拿组成。平台的推广机制主要有相关的业界微信平台带号互推、微信广点通、PC端推广、资深业界大佬朋友圈分享推荐、200多个数量500的自媒体人微信群付费（红包）推广等，所有关注微招聘平台的用户都会经过过滤，确保关注用户群的高度和质量，使"找微人才，上微招聘"的观念深入人心，保持臻善。

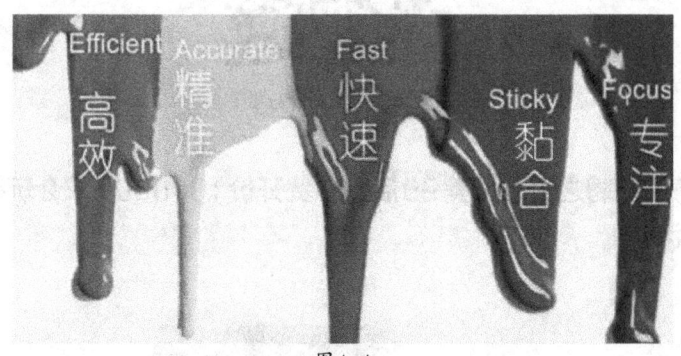

图4-4

四、运作模式

1. 通过微信公众平台，这种流行、高效且容易被用户接受的方式推送图文信息，每天5条，头条为用户提供的需求图文信息，其他4条为微招聘官方固定模板，分别为【找微才】【请投资】【求收留】【寻伙伴】。

2. 图文需求内容来源于微招聘平台的关注用户，用户直接将需求信息发送给平台后台，由平台建设者团队负责收集、审核、整理，剔除糟粕，留下精华，于每天固定时间推送到受众群体，受众收听信息，选取所需，自行建立联系，微招聘不干预。

3. 微招聘主要服务于对微信人才有需要的企业和团体，寻找相关工作和雇主的微信人才，对微信和移动互联网相关产业有兴趣的投资人，以及寻找相关方面合作人的创业者。

4. 微招聘为有需求且主动提出的企业、团体、个人用户建立信任档案，当有通过本平台招聘的企业、团体发生员工欠薪、虐工等问题，有个人用户通过本平台应聘到企业、团队发生信用违约、泄露公司机密等问题，或通过本平台桥接的投资人、项目发起人、合作人发生跑路等诚信问题时，经过警方确认后，一方当事人可向本平台发出请求，微招聘将建立黑名单库，入黑名单者将终生不能参与微招聘平台的一切发生行为。

5. 微招聘平台的关注、信息收集、内容推送全部免费。

6. 微招聘保证所有一经推送的内容真实、有效，并对有需求的个人用户提供义务的法律顾问帮助，确保弱势个体用户的权益。

图4-5　找专业微商人才，请扫描下面的二维码

4.2 创意微招聘之贵阳最美90后女总裁开价100000+求会玩微信的"上门女婿"!

图4-6　贵阳最美90后女总裁等你上门

小席，是贵阳尺渡贸易有限公司的联合创始人，这是贵阳本土一家联系线上和线下的O2O公司，虽是一个外表清秀，看起来弱不禁风的小女子，但凭着精明能干和超前的创业意识，她一手把一个同行看不懂、外行不懂看的创新型公司，做成了本土O2O领域明星企业，并吸引到了当地著名天使投资人的青睐，一度被当地人称为贵阳最美90后女总裁。

随着公司的名气越来越大，业务越来越宽阔，小席开出了行业内100000+的底

薪待遇开门纳才，据了解，如此待遇在一个四线城市算很高的标准了，足可见席总的一片赤心啊！当然，能与最美90后总裁共事，你的逼格要足够高，必须熟悉O2O业务和电子商务，还要懂些网络建设和物流配送，如果对微信营销还有研究就更好了，如果你是具备这几点的管理型大牛，请记得联系电话15885533576（我可以不告诉你这是我们最美女总裁的电话么？），席总会热情地安排你的面试接待工作。

图4-7

尺渡地址在贵阳花果园国际金融街1号7栋32楼，如果你身边有贵阳的朋友正在寻求新的发展机会，请将这篇文章转发给他，也可将简历投放至344401856@qq.com，席总期待和你一起创造另一个传奇！顺便八卦一下，席总还是待嫁闺人哦！

4.3 创意微招聘之我们提供一站式"回家过年"解决方案（回家过年，领对象见爹妈和跳槽一样重要）

图4-8

如果你是GG，我们公司多的是漂亮MM，干得好，年底不奖票子，不奖车子，直接送房子。我们提供一站式"回家过年"解决方案。提前发工资，再送个陪你回家过年的妹子，是的，我们不但有钱，我们还有妹子，最主要的是还有个任性的未婚80后女老板！

图4-9

快过年了，领个好对象甜美爹妈的心，换个好工作堵住亲戚的嘴。

如果你刚好负责过淘宝商城的运营管理，可以完成营销目标，我们找的就是你；

如果你有天猫旗舰店的营销推广经验，熟悉各门派运营套路，精通电商十八般武艺，我们找的就是你；

如果你熟悉服装品牌O2O及营销规则，能够有效完成店铺装修、设计、策划、文案等系统性工作，我们找的就是你；

图4-10

PS:老板让我告诉你，这里的薪水高得吓到你，还有专属你，被太阳晒得暖暖的一间朝南大屋……（玩过电商请联系微信：decococa，赶快告诉你身边的朋友吧。）

今年过年要"理直气壮"地推开家门大声说：爸，妈，我们回来了……

4.4 让群主成为一种职业

图4-11

随着社群工具的不断完善，社群也已经悄悄迎来变革。在这样一个看不清、摸不着的时代，经历过无数次的浪里淘沙活下去很难，走得好的更少。而泰研社群经济研究院却依然能够坚挺傲然地走下去并且未来会越来越好，我们始终不忘初心的前行今天，泰研社群经济研究院也迎来了自己的变革实战开始！希望能够孵化出更多优秀的产品或者社群，真正让群主成为一种职业！

经典案例

泰研社群经济研究院——最聚实力的社群孵化平台，于五岳之尊泰山之巅成立，由微信运营专家、顶级微商操盘手、移动互联网技术大牛、自媒体联盟联合发起，旗下有社群经济研究院、社群经济研究室、社群联播、泰联盟，现已建立社群基地（济南、上海、厦门）。凝聚了社群经济、移动开发技术、自媒体运营、信息架构，首次全系统培养社会化营销精英人才，打造"互联网+"时代最权威的专业导师团，全方位推进互联网传统转型升级，首创"让群主成为一种职业"！

3月29日泰研社群经济研究院成立时，利用社群及朋友圈传播，8小时轰动业内；截止9月份，创造并直接参与了众多现象级营销事件；社群经济品牌"泡范儿"获得600万融资，历史性微商爆品sis任意剪丝袜；

6月6日首创百群万人微信在线1.87万人同时直播；截止目前已有近200位垂直社群领域的社群盟主加入泰联盟；8月份参与打造了轰动全国的借贷宝事件，9月份参与承办广州美博会微商权力榜；北京912社群节，荣获百强社群称号；9月25号100万人同时在线收听观看王小慧互联网行为艺术；9月27号打造互联网金融刷爆朋友圈事件。

泰研社群经济研究院导师营

何洋：泰研社群经济研究院院长，中国社群经济研究第一实践者，国内首创"让群主成为一种职业"，泰研汇联合创始人、中国社群经济研究院轮值院长，山东省中小企业服务机构促进会副秘书长，成功操盘"泡范儿"通过社群孵化融资600万，国内首创百群直播模式，打破微信跨群直播，泰联盟发起人，成功制造"借贷宝"事件。目前建立线下社群基地（上海、厦门、济南），80后低调实力派代表。

王吉斌：资源产业学博士工商管理学博士、清华大学经营管学院博士后，互联网领域资深的观察家、战略家和实践者，《互联网+：传统企业的自我颠覆、组织重构、管理进化与互联网转型》国内首部大型"互联网+"作者。

肖董：北京聚汇合—网路营销策略专家，中国社群经济定位专家，中国益爵床品仓储式销售发起人，三月销售1000万，妈妈团创始人，电商孙红雷。

秋叶：武汉工程大学副教授，国内最活跃的PPT达人，《社群营销方法、技巧与实践》作者。

卢彦：国务院发展中心专栏作家，北京大学总裁班讲师，香港城市大学《工业4.0》研究员，畅销作品：《互联网+跨界与融合》《互联网思维2.0：传统企业互联网转型》《移动互联网时代品牌十诫》。

聂帅：前分众传媒创始团队成员、爱特传媒创始人CEO，互联网商业模式观察家、话题营销教父，清华校友单身俱乐部创始人、微信自媒体《聂帅说》。

陈莱根：知名自媒体人、社会化营销实践者、社群、微商观察员。 发表文章《社群的十个秘密》《社群虚火！微商回暖！自媒体有点冷》《社群的走向》等。

季烨：社群书院联合发起人、社群经济研究院副院长，青年茶人计划发起人、惠量文化创始人。

谢晶：社群书院联合发起人、青年茶人计划O2O文化社群联合创始人、中国社群经济研究院顾问、专栏撰稿人。

贾商：创立中国第一真正品牌化系统服务农业的机构，北京蓝狮品牌策划、农产品电商诊断新运营专家，蓝狮企业联合创始人副总裁，中国新农业三兄弟之一。

菜鸟老刘：刘宏亮，菜鸟科技创始人，带领团队23分钟之内轻松筹空10000只鸟蛋，擅长团队管理、营销策划、媒体传播、粉丝运营。

赵书军：炎黄部落联合发起人、炎黄部落商学院院长，部落电商理论实践者、平民创业模式构建者。

程永根：2009年被聘为清华大学客座教授，对移动互联网、国学有较多研究，在全国各地做过许多专题讲座。

程永华：移动互联创意大师张行合伙人，Gmall平台CEO，疯狂创意人、酷营销传教士、极微商社群创始人。

王健：牡丹微讲堂堂主、牡丹学院院长、有空名人堂首席特约讲师、上海交大EMBA优秀毕业生，全球五百强化妆品公司卓越高管，目前拥有数十家天猫店、京东、1号店品牌官方旗舰店，国内不可多得的零售业、电商运营、微信运营资深实战导师。

宴涛三寿：宴涛，网名"三寿"，移动互联网与新媒体实践研究者，七星会新媒体研究院资深研究员，营销类杂志《销售与市场》《成功营销》杂志撰稿人，梅花网、派代网、艾瑞网专家作者，营销书《微博与微信营销实战兵法》作者。

打造群主职业化的黄埔军校

在这样一个不断被颠覆、重构的世界里，不管是个人还是传统企业，都面临着看不见、看不懂、看不起、来不及，我们能怎么样？只能不断地去学习，我们帮助每一个群员去认知这个未知的世界，欢迎气味相投的人，如果你认为互联网时代的确来到了，希望你能够拥抱不确定性，在潮流来临之际顺势而为。

主题范围：互联网+、电商平台、O2O、粉丝经济、社群经济、自媒体、社会化营销、商业模式、品牌塑造、移动互联网、大数据、互联网思维、微商、天使投资、产品推广、实战案例、微商、爆款打造等等。

听课会员

欢迎加入我们的听课会员，365元一年入会费，享受我们一年的线上听课福利，力邀互联网领域的专家带来精彩的演讲，您可以尽情地享受互联网领袖的能量与智慧。

添加微信号：in-joy940

【泰研社群经济研究院听课会员群】除了收获知识以外，六种额外福利：

1. 省去每次讲座"分享—回复后台—加好友—支付18.8元进入直播间—等待被拉"等环节，打造最高效的学习方式。

2. 听讲座：会员加入VIP会员群，可以参与到现场分享，与嘉宾交流互动。

3. 攒人脉：社群经济嘉宾将被邀请至VIP会员群，会员可直接接触社群经济高端人脉。会员群实名制，加入还能结识全国各地的优质的同频伙伴。

4. 求机遇：会员优先参与社群经济线下活动，与各类大咖面对面，接触各类高端人脉圈。

5. 得福利：会员优先享有合作伙伴提供的各种福利、各种学习资料、免费一对一咨询、资源合作机会。

6. 推荐权：会员拥有嘉宾推荐权，想听什么样的讲座，可直接向社群经济秘书处推荐。

泰研部落电商实战营

社群变革已经开始,现在很多大咖、自媒体人或许会告诉你存在哪些问题,但是却没有实质性告诉你该怎么去解决问题,很多人听完课,意识到问题所在,但还是要为产品如何去推广和变现烦恼!不管怎么说,我们最需要的是实战,线上说的太多,不如线下去干一次,所以我们成立泰研部落电商实战营。欢迎有优秀的产品和项目的朋友,申请成为我们的产品会员,我们一起去利用社群推广你的产品,打造社群界实实在在经典的案例,通过平民创业模式,社群经济,让你走的更远,走向资本市场,泰研部落电商实战营是以人为中心的产品型创客孵化器,开创的是大众创业的落地方案,我们要打造部落电商之都,与炎黄部落以及其他的真正干实事、搞落地的社群组织,共同地去帮助每一个群员,解决他的痛点,提供一站式的服务,让群主成为一种职业,不再只是一个口号,帮你的产品解决你的痛点,无论你是在落地、推广、资本、还是投资等方面的不同的问题,我们这边会给你提供排忧解难的不同的方案。如果你有产品,请带着你的产品过来,加入泰研部落电商实战营,限额!

事业合伙人招募中始终践行"让群主成为一种职业"

现泰研社群经济研究院推出事业合伙人政策,招募各地的事业合伙人,建立地方分站,代表泰研社群经济研究院举办线下活动,建立粉丝区域化集群,搭建本地自媒体链接平台,最终完成各品牌孵化落地。让各地合伙人扩大自身优势,如果你愿意和我们一起发展,一起汇聚城市力量,申请成为我们的事业合伙人。

现已在山东建立自媒体、传统媒体矩阵,自媒体(吴晓波频道、罗辑思维、炎黄部落、山东自媒体联盟)、传统媒体(高铁杂志–动车服务组、户外大型广告)形成三维一体立体组合式打法,覆盖山东140个县区,扫描二维码可申请成为首批事业合伙人。加入泰研实战营添加微信号:in-joy9403。

图4-12

后 记

如果你觉得本书对你有帮助，请推荐给你的朋友，他会因你推荐，而享受为你私人定制的优惠价格，扫二维码，做本书的合伙人，并有机会赢得课程终生免费升级服务，终生免费学习最新营销技术。

我们下本书再见！